NOTRE-DAME
DE
LA SALETTE

OU

PREUVES ET CONSÉQUENCES

DE L'APPARITION DE MARIE

A DEUX BERGERS,

SUR LA MONTAGNE DE LA SALETTE;

PAR

LE P. XAVIER de S.te-MARIE,
Carme déchaussé.

DEUXIÈME ÉDITION.

BORDEAUX.

IMPRIMERIE DE TH. LAFARGUE, LIBRAIRE,
RUE PUITS DE BAGNE-CAP, 8.
1856.

NOTRE-DAME

DE

LA SALETTE.

O MARIE !

O NOTRE-DAME RÉCONCILIATRICE
DE LA SALETTE !

Par les douleurs que votre Divin Fils a endurées, obtenez-nous miséricorde, priez toujours pour nous qui avons recours à vous !

Auguste Mère de Dieu, miséricordieuse Mère des hommes, votre amour pour nous vous a fait descendre sur cette terre couverte de crimes. Vous y avez fait entendre vos plaintes, vos menaces et vos promesses maternelles. Mais combien de pécheurs ne se convertissent pas et restent toujours insensibles ! Bonne Mère ! ne cessez pas d'user de votre droit de toute-puissance suppliante sur le cœur adorable de votre Divin Fils, soit pour retenir son Bras si justement armé pour nous frapper, soit pour obtenir de sa miséricorde infinie des grâces de conversion pour tous les pécheurs et de sanctification pour les justes. — Ainsi soit-il.

Notre-Dame de la Salette, ne cessez de soutenir le Bras de votre Fils et de prier pour nous.

BORDEAUX. — IMPRIMERIE DE TH. LAFARGUE.

NOTRE-DAME DE LA SALETTE.

Sanctifiez le jour du Seigneur et glorifiez son saint nom

« Si mon Peuple ne veut pas se soumettre, je suis forcée de
» laisser aller la main de mon Fils. Elle est si forte, si pesante,
» que je ne puis plus la maintenir... Et voici ce qui appesantit
» tant le bras de mon Fils : le *Blasphème !*... la *Profanation*
» *de son jour !...* » (Apparition de la Sainte-Vierge, le 19
Septembre 1846. Montagne de la Salette [Isère]).

NOTRE-DAME
DE
LA SALETTE
OU
PREUVES ET CONSÉQUENCES
DE L'APPARITION DE MARIE
A DEUX BERGERS,
SUR LA MONTAGNE DE LA SALETTE;

PAR
LE P. XAVIER de S.te-MARIE,
Carme déchaussé.

DEUXIÈME ÉDITION.

BORDEAUX.
IMPRIMERIE DE TH. LAFARGUE, LIBRAIRE,
RUE PUITS DE BAGNE-CAP, 8.
1856.

†

J. M. J.

Nous, Frère Noel de Ste-Anne, Général des Carmes déchaussés, permettons la publication du petit ouvrage intitulé : *Notre-Dame de la Salette*, composé par le Père François-Xavier de Ste-Marie, de notre ordre, et examiné par nos théologiens.

Donné de notre Couvent de Carcassonne, le 24 janvier 1856, sous notre seing, notre sceau, et le contre-seing de notre secrétaire.

Fr. Noel de Ste-Anne, général.
Fr. Vital de la Visitation, secrétaire.

A TOUS CEUX

qui furent

NOS BIEN-AIMÉS PAROISSIENS,

ET A NOS AMIS.

Un jour, la voix de MARIE nous appelant, il n'y a pas longtemps, nous dit : *Change tes vêtements, reçois l'habit de mes enfants prédestinés, achève de dépouiller ton front, quitte ta chaussure, ta paroisse et tes amis, et tu viendras à la montagne que je te montrerai.*

Ces paroles de notre Mère chérie étaient plus douces que le miel; mais une seule fut comme l'absinthe la plus amère : elle demandait le plus grand sacrifice de notre vie, plus grand que la vie même, celui de vous quitter.

VI

Douze mois s'écoulèrent à la grotte solitaire de la montagne qui nous avait été montrée. Les délices là-haut sont ineffables ; je n'y sentais qu'une peine, celle de ne plus me voir au milieu de vous, et cette peine, je le comprends, Dieu veut que je la porte toujours et ne la laisse qu'à la tombe.

Cependant, approchait le jour du complet sacrifice. Il me semble voir encore entrer dans notre cellule le jeune religieux, mon maître, et me dire : *Vous êtes admis à la profession, faites votre testament. — Mon testament ! je répondis : je n'en ai d'autre à faire que celui de recommander à mes paroissiens d'aimer toujours le Seigneur et la très-sainte Vierge Marie.* A ce moment, j'eus la pensée de recueillir et de vous envoyer, dans un petit nombre de pages brûlantes, quelques traits de l'amour de Jésus-Christ au très-saint Sacrement, ou sur la dévotion à Marie. Mais, outre que les jours étaient en petit nombre, la grande pensée de mon immolation devait m'absorber pleinement. C'est pourquoi, je me bornai au projet de vous lire moi-même mon testament, au pied de l'autel de ma profession. J'usai d'un artifice que je crus légitime, celui de demander à vous parler, au seul moment qui ne permettait pas de me le refuser. Mon cœur m'avait dit que vous seriez tous à cette cérémonie, ou par vous-même ou représentés par d'autres qui vous rapporteraient et nos adieux et nos dernières volontés.

Avec quelle joie, je reconnus tous ces fronts que j'avais si souvent bénis! Les étrangers s'étonnaient de voir couler tant de larmes mêlées à tant de sanglots. Ah! pouvaient-ils, et qui, sans l'avoir vu, pouvait savoir combien s'aimaient et le Pasteur et le troupeau? Ah! comme c'était bien du fond de notre cœur que partaient ces paroles:

Je m'en vais, je donne à Dieu ma vie pour vous, vous ne me verrez plus; mais je ne vous quitte pas entièrement. Oui, tant que je vivrai, regardez-vous toujours comme ayant deux Curés, l'un, vivant parmi vous et dépensant, pour ainsi dire, toute sa vie en détail, et l'autre, absent de corps, désirant offrir aussi pour vous une mort continuelle.

Recevez aujourd'hui comme un codicille

à notre testament : C'est un bouquet de fleurs que nous avions cueillies pour vous, au bord de la fontaine miraculeuse, à la Salette. Marie et votre Curé vous font les mêmes recommandations. Aussi bien, c'est, n'est-ce point, la première fois que ces deux voix réunies viennent ensemble ou tour à tour, comme l'écho l'une de l'autre, frapper et vos oreilles et vos cœurs. A tous je dirai, si vous conservez de nous quelque souvenir :

1° Respectez inviolablement le jour de la semaine que Dieu s'est réservé ;

2° Ne manquez jamais à la Messe le Dimanche ;

3° Ne violez pas l'abstinence les vendredi et samedi, pas plus que pendant le Carême, sans raison légitime ;

4° Ne permettez pas que jamais une bouche ose vomir le blasphème devant vous.

Que de fois nous vous avons prêché ces ordonnances sacrées de Dieu et de l'Église, notre mère ! Si vous ne les gardez pas, vous ne vous sauverez pas.

Soyez fidèles, bien-aimés Portésiens, à la

dévotion née de notre temps, parmi vous, celle d'avoir dans toutes vos maisons un magnifique autel à Marie, pendant le mois de Mai. Que chaque famille, que le plus jeune enfant comme le vieillard y viennent faire ensemble leur prière du soir, à haute voix, au milieu de beaucoup de fleurs et de lumières. Chantez la puissance et l'amour de notre Mère; chantez également et notre reconnaissance et notre amour. Belle paroisse! quand elle est ainsi, pendant plus de trente jours de l'année, convertie en un temple illuminé, parfumé de fleurs, de prières, de chants et d'amour à la gloire de la Reine des Cieux! Que les enfants, que la jeunesse, que tous continuent à cultiver des fleurs pour parer l'autel de Marie. Fleurs charmantes, croissez toujours en nombre, en variétés et en riches couleurs. Qu'elles croissent de même, les fleurs que vous symbolisez! Croissez vertus, croissez jeunesse, enfants, et un jour, méritez les cieux.

O vous, qui les premiers nous donnâtes le doux nom de Curé qui résonnait à nos oreilles comme une harmonie délicieuse;

x vous qui nous aimâtes comme on ne pourra jamais le croire, et qui fûtes toujours aimés d'un amour au moins égal, auriez-vous oublié nos fêtes du mois de Mai? Que sont devenues ces guirlandes formées des plus belles fleurs? Portez-vous toujours la couronne à Marie? Dieu! que nos petites fêtes étaient belles quand vous veniez à votre tour, de vos différents quartiers, portant chacun des couronnes fleuries à la Reine des Cieux! Jeunes filles, hommes, enfants, vieillards, mères de famille, comme vous vous empressiez! comme tous, avec un ordre admirable, vous remettiez à notre Mère vos présents fleuris et parfumés dans la main de son ministre! Beaux jours! non, non, non, je ne vous oublierai jamais! hélas! peut-être qu'ils ne reviendront plus parmi vous, ces jours! Écoutez-moi, chéris Caudéranais:

Ne me laissez pas mourir avant que j'apprenne votre retour complet à votre église. *Je vous demande par l'autorité absolue que vous m'aviez donnée, de ne plus aller, pour les offices, à d'autres églises.* Brebis chéries, troupeau qui fûtes si docile, rentrez dans votre bercail, c'est la voix du vieux pasteur qui vous l'ordonne. Faites dire à tous : *Voyez comme ils l'aimaient, et comme il les aime toujours! Après dix ans, absent, éloigné de cent lieues, il commande et tous encore lui obéissent.* Vous reprendrez au mois de Mai vos guirlandes, vos couronnes de fleurs, et vous irez, comme autrefois, les porter, en chantant, à l'autel de Marie. Bonne Mère! comme elle sourira du haut des cieux à ce retour!

Adieu troupeau chéri des deux bergeries que le bon Pasteur m'avait confiés. Un nouveau maître, un nouveau père vous conduit. Pasteurs et troupeaux, permettez-moi de vous bénir et de vous dire : *Après avoir passé par différents sentiers le désert de la vie, nous nous réunirons tous, et il n'y aura plus qu'un même troupeau et qu'une bergerie.*

Je demande à nos bien-aimés Caudéranais et Portésiens qui, de mon temps, fesaient leurs Pâques :

1° De faire cette année, en ce jour, la

sainte Communion à mon intention ; je dirai la Messe pour eux ;

2° Un *Je vous salue*, tous les soirs, au pied de votre autel, pendant le mois de Mai, pour le père Xavier de Sainte-Marie qui vous aimera toujours.

Carcassonne, 26 Février 1856.

NOTRE-DAME

DE

LA SALETTE.

I.

Les premiers qui visitèrent la Salette, après l'évènement de l'apparition, ne purent s'empêcher d'y croire.

Les premiers pèlerins qui gravirent la montagne miraculeuse de la Salette, n'étaient pas tous assurément disposés à croire que MARIE venait d'y apparaître, sous une forme humaine, surtout avec les circonstances telles que les présentaient deux petits montagnards grossiers, ignorants, sans piété, sans vices, il est vrai, comme sans astuce; mais d'ailleurs ayant tous les défauts de leur condition et de leur âge. Ces premiers visiteurs montèrent, pour la plupart incrédules, ou du moins, armés à l'avance de la plus grande défiance. Mais une vertu secrète les saisissait dès en arrivant. L'aspect de ces lieux consacrés par une visite si récente de la Reine des Anges, redevenue en quelque sorte une mère de douleurs, et versant un torrent de pleurs : cette fontaine qui ne jaillissait pas avant et que Marie venait de nous laisser, comme un symbole si touchant, si naturel tout à la fois, et des larmes que nous lui fesons répandre, et des bienfaits qu'elle veut nous donner ; cette terre bénite, ce sentier qu'elle a suivi, ce gazon où ses pieds ont glissé : ah ! tout formait dans l'âme, chacun vous le dira, comme un parfum suave de céleste persuasion. Ceux qui étaient montés incrédules ou méfiants, descendirent heureux, convertis ou portant le germe d'une prochaine conversion, et surtout impatients de publier que Marie, véritablement, avait paru à la montagne de la Salette.

Cependant on voulait voir encore, on voulait interroger sans cesse les petits pâtres seuls témoins de la grande merveille : et en les regardant, en les écoutant, on avait peine à revenir du plus grand étonnement. Leur extérieur vous repoussait d'abord, et pourtant de cette nature agreste, inculte, rocailleuse et sauvage, coulait sans effort, une narration limpide, naïve et de plus en plus attrayante, avec une réponse aux difficultés, prompte, pleine de finesse, d'une précision mathématique, et pour le plus subtil des interrogateurs, souvent bien embarrassante : il fallait se taire, croire et admirer. Alors ce ne furent plus seulement une croyance, ni une simple persuasion, ce fut une conviction profonde. A tous les nouveaux venus on répétait : « Allez, voyez là haut, revenez et vous » nous direz s'il est possible de ne pas croire ». Bientôt l'étranger accourut ; les miracles éclatèrent de toutes parts, et ils vont croissant chaque jour en nombre, d'une manière, on pourrait presque dire effrayante : Rome parla bien assez clairement, et par ses nombreuses indulgences et par une permission expresse de célébrer la mémoire du miracle de la grande apparition de Marie sous une forme humaine. Cette apparition a pris place maintenant parmi les évènements qui sont démontrés avec le plus d'évidence.

II.

Les premiers, qui ont écrit sur le miracle de la Salette, s'attachent principalement à le faire croire.

Parcourez toutes les relations qui parurent à l'époque ; lisez tous les rapports, tous les ouvrages composés depuis, vous y trouverez toujours dans l'écrivain, une préoccupation qui le domine : c'est qu'il veut prouver sans cesse, comme s'il n'avait point d'autre but, que le fait est vrai, qu'il est incontestable ; il le revêt de toutes les autorités possibles ; et quand il vous a démontré cent fois, que toute supposition contraire n'est nullement admissible, mais est chimérique, est absurde, il recommence encore : vous seriez tenté de croire qu'il cherche plus que l'évidence, plus que la conviction.

C'est ainsi, hâtons-nous de le proclamer, c'est ainsi que longtemps il fallait procéder. En effet, Marie, sous une forme humaine venant dans le monde pour remplir un message, s'asseyant sur une pierre, versant des larmes abondantes, prêchant, se plaignant, prédisant des malheurs, marchant avec deux enfants, recommandant expressément et par deux fois de *redire son discours à son peuple*, enfin, comme son Fils autrefois, s'élevant dans les cieux, voilà un évènement le plus grand, peut-être, qu'on ait jamais vu en ce genre. Il ne faut donc pas s'étonner que Marie elle-même ait voulu donner aux premiers prédicateurs de son apparition et de son message, des preuves fortes, solides, nombreuses, complètes et pleinement resplendissantes de toutes les lumières de la vérité.

III.

Pourquoi ceux qui savent le miracle de la Salette sont si empressés à le redire aux autres.

Cependant la foule des Chrétiens demande pourquoi ses frères qui connaissent le miracle de la Salette se montrent si empressés à le répandre et si désireux de le faire croire.

Ah! prenez garde ici, vous qui ne connaissez pas encore cette grande merveille : ne la confondez pas avec d'autres. Nous nous empressons de publier l'apparition de Marie :

1° Parce qu'elle-même l'a commandé aux bergers;

2° Parce que nous sommes tous intéressés à savoir les terribles châtiments que nous ont mérités nos crimes et les principaux de ces crimes eux-mêmes;

3° Parce que ces fléaux temporels qui vont venir, Marie nous dit comment nous pouvons les détourner;

4° Enfin, parce que la nouvelle dévotion qui découle de cette apparition, est une source de nouveaux et innombrables bienfaits.

1er Motif. — Si Dieu, dans ses desseins adorables, envoyait présentement pour ambassadeur aux hommes, le prophète Élie, ou saint Jean-Baptiste, ou Moyse, ou saint Bernard; si l'on nous prouvait aujourd'hui que l'un de ces personnages vénérables a été vu, qu'il a prêché, qu'il a porté un message qui nous concerne tous : dites-nous, les fortunés dépositaires de ce message, ces hommes qui auraient vu saint Bernard ou Élie, qui l'auraient entendu, pourraient-ils s'empêcher de le redire à d'autres ? Et ces derniers se croiraient-ils moins tenus de publier partout les oracles du ciel et l'apparition d'un saint revenu pour prêcher encore à ses frères de la terre ? Tous voudraient savoir, tous ayant appris, voudraient raconter : nul bientôt ne pourrait l'ignorer.

Hé bien ! la Reine des prophètes, la Maîtresse de l'univers, la Mère de Dieu, l'amie des hommes est descendue sur une montagne; elle a dit : *Approchez, mes enfants ; je viens vous annoncer une grande nouvelle.* Elle a redit par deux fois : *Vous la ferez passer à mon peuple.* Qui donc pourrait demeurer indifférent à cette nouvelle ? Qui pourrait ne pas désirer vivement la connaître ? Qui pourrait se défendre de la raconter partout ?

2ᵉ *Motif.* — Puisqu'un tel ambassadeur est envoyé au monde, il y a sans doute au ciel un secret bien extraordinaire qui doit vivement intéresser les hommes : il faut croire que nos crimes nous auront préparés quelque terrible châtiment. — Oui. — Mais quoique nous nous confessions coupables de tout mal, nous demandons quels sont les crimes qui ont plus particulièrement amassé sur nos têtes les foudres prêtes à nous écraser. — Les crimes que vous regardez à peine comme fautes légères, qui sont énormes et faciles à éviter, 1° le travail dans le septième jour de la semaine, réservé au Seigneur ; 2° la messe abandonnée en ce même jour ; 3° la violation de l'abstinence ; 4° les blasphèmes : c'est *cela qui appesantit tant le bras du Fils que la Mère ne peut plus retenir.*

3° Motif. — Si les hommes veulent mettre fin à ces crimes commis à la face du soleil, Marie promet d'en détourner la punition. Armons-nous donc saintement et contre le travail du dimanche, et contre l'omission de la Messe, et contre la violation des jours réservés à l'abstinence, et contre les blasphèmes. Mais n'allons pas combattre isolément. Que tous accourent s'enrôler dans l'association que Marie a formée sur la montagne. Avançons comme une armée rangée en bataille, nous aussi à la face du soleil : Marie nous conduira. Marchons à la conquête du jour qui appartient au Seigneur ; rendons-lui ce jour qui lui a été si injustement ravi ; que, désormais du couchant à l'aurore, Dieu règne le Dimanche sur la terre, comme il règne dans les cieux. Alors se dissiperont les trésors de colère amoncelés et suspendus sur nos têtes.

4ᵉ Motif — Puisque Marie se plaît à être invoquée sous le nouveau titre de Notre-Dame de la Salette, n'est-ce pas un devoir à ceux qui l'ont heureusement expérimenté de le communiquer à leurs frères ? — On dirait qu'à ce nom le ciel veut faire déborder sur la terre un torrent de prodiges et de bienfaits. La source qui s'ouvrit sous les pas de Marie, en est le mystérieux emblême. Elle coule sans jamais tarir, et son onde salutaire va répandre, avec le nom de Marie, les faveurs les plus signalées. Les aveugles voient, les boiteux sont redressés, les sourds entendent, les pécheurs sont convertis, les malades sont guéris, les paralytiques, après plusieurs années, quittent leur couche douloureuse. Je ne sais si nous ne pourrions pas ajouter : les morts sont ressuscités. Ah ! ne serait-ce pas un tort de cacher aux Chrétiens la vertu si puissante de la fontaine de Notre-Dame de la Salette ?

IV.

But que nous proposons dans cet opuscule.

Porter les Chrétiens à détruire, par toutes les voies licites, le travail du Dimanche, à remplir l'obligation rigoureuse d'entendre la Messe, à bannir les blasphèmes, à faire observer la loi de l'abstinence prescrite par l'Église, à s'enrôler dans la confrérie établie sur la montagne miraculeuse, pour ne pas perdre des efforts qui, étant isolés, non appuyés par d'autres, demeurent presque sans effet; dire à tous : Invoquez souvent Marie qui se plaît de nos jours à guérir tant de malades, à ramener tant de pécheurs, à opérer tant de merveilles quand on la prie sous le nom de Notre-Dame de la Salette. Voilà le but de notre opuscule : tel a été le but de la Reine des cieux.

Les crimes qui nous occupent sont des crimes publics, scandaleux, presque toujours commis à la face du soleil; craignons que malgré toutes nos tentatives, tous nos sacrifices, toutes nos prières, ces crimes ne soient jamais convenablement expiés, tant que la réparation, de la part des hommes surtout, ne sera pas publique, solennelle, unanime, éclatante; il faut que dans une association que Marie a fondée, toutes les volontés, toutes les voix réunies protestent énergiquement contre le grand scandale de la terre qui est le vol fait à Dieu du jour qu'il s'était réservé en donnant la terre à l'homme.

Un autre motif nous a porté à écrire ces pages. — Il est vrai que le miracle de Notre-Dame de la Salette a retenti dans toutes les parties du monde. Cependant, beaucoup de Chrétiens, ou l'ignorent encore, ou n'en ont que des notions vagues et peu appréciées, par conséquent à peu près inutiles. Ces personnes vivent au milieu d'un train d'affaires qui leur ôtent la facilité de lire en entier ou avec fruit un volume ordinaire. A d'autres, c'est le courage qui manque. Ainsi nous sommes presque tous faits; nous voudrions tout savoir à une première lecture : les grands livres nous effraient, nous reculons devant eux.

Vous ne reculerez pas devant ce petit nombre de pages que nous vous offrons, ô vous, nos amis : elles vous donneront le désir d'en lire d'autres beaucoup plus étendues et remplies du plus vif intérêt. En attendant, nous vous dirons le miracle de la grande apparition, les preuves qui en établissent la vérité. Nous, aussi, nous avons adoré Dieu, là, où se sont arrêtés les pieds de sa Mère ; nous avons vu la fontaine où elle a pleuré ; nous avons suivi le sentier où elle a marché.... Nous avons pu converser assez longtemps avec le pâtre Maximin ; nous avons été vivement touché de la piété de la jeune bergère devenue, dans un couvent, le modèle des religieuses. Nous avons reçu de sa bouche les paroles qu'elle avait reçues de la bouche de Marie ; nous allons vous les transmettre. — Maximin nous a fait le même récit.

Je peux donc me dire : Si je n'ai pas entendu moi-même la Reine des Anges, ah ! j'ai vu, j'ai entendu celle qui l'a vue, qui lui a parlé, qui l'a écoutée, à qui elle a donné une instruction pour me la faire parvenir. Entre Marie et moi, je ne compte qu'un seul intermédiaire, Mélanie. J'ai presque vu la Reine des Anges. O bonheur ! que ne puis-je t'exprimer comme je voudrais à tous ceux qui verront cet écrit !

Avant de commencer, je demande à Notre-Dame de la Salette qu'elle descende près de vous, ami lecteur, qu'elle vous découvre tout ce que je voudrais, comme tout ce que je ne saurais pas vous dire. Qu'autant de lignes, autant de mots nous tracerons et vous lirez, autant de nouvelles flammes de son amour elle jette, comme à notre insu, dans nos cœurs. Que ce soit elle-même qui nous dicte ces pages, elle-même qui vous les lise, qui vous les explique. Arrivés au bout, que nous puissions nous écrier, comme les disciples d'Emmaüs : *Nonne cor nostrum ardens erat dùm nobis loqueretur in viâ :* Ne sentions-nous pas en nous-même notre cœur tout brûlant, lorsqu'elle nous parlait dans le chemin.

Oui, nos cœurs demeureront brûlants du zèle de la sanctification du jour appelé jour du Seigneur, tout rempli d'horreur pour les blasphèmes, de soumission et de fidélité aux lois que l'Église prescrit sur le jeûne et l'abstinence. Oui, notre cœur demeurera délicieusement enivré de l'amour de Jésus-Christ et de Marie. Enfin, quand vous fermerez le livre, que vous entendiez encore Marie, en s'élevant aux cieux, vous disant : *Hé bien! mes enfants, vous le ferez passer à tout mon peuple.*

V.

Lieu de l'apparition : arrivée des deux témoins.

A soixante-onze kilomètres de Grenoble, à huit kilomètres de Corps, au centre d'une large et magnifique ceinture de montagnes, nues, pierreuses, entrecoupées de terres labourées et

(13)

d'un léger gazon, vous voyez la commune et l'église de la Salette-Fallavaux. Montez encore huit kilomètres, et vous vous trouverez sur le plateau dit *Sous-Baisse*, ayant le nord en face; descendez quelques mètres à gauche, et franchissez le petit ruisseau appelé Sézia, vous êtes placé entre deux tertres. Arrêtez-vous à l'endroit où vous voyez couler une fontaine, c'est là que fut aperçue la *Belle Dame*.

Le jeune Maximin, enfant de onze ans devait remplacer, pendant huit jours, chez Pierre Selme, un berger qui était malade. Maximin avait fait connaissance, depuis seulement deux ou trois jours, avec la bergère Mélanie, âgée de 14 ans, et en service chez Baptiste Pra.

Or, le dix-neuf septembre 1846, un samedi, veille de Notre-Dame-des-Sept-Douleurs, ces deux enfants, menant huit vaches et une chèvre, montèrent ensemble aux Sous-Baisses. Le soleil resplendissait au firmament, et pas un nuage n'y paraissait. Vers midi, nos bergers, entendant la cloche de l'*Angelus*, prennent leur petit repas à côté d'une autre fontaine, à gauche du ruisseau. Leur goûter fini, ces enfants passent le ruisseau, posent leurs sacs, et, contre leur ordinaire, ils s'endorment. Ils étaient à quelque distance l'un de l'autre. Écoutons Mélanie.

VI.

Récit de l'Apparition.

« Nous étions endormis... puis je me suis réveillée la première, et je n'ai pas vu mes vaches. J'ai réveillé Maximin. Maximin, j'ai dit, viens vite que nous allions voir nos vaches. Nous avons passé le ruisseau, nous avons monté vis-à-vis nous, et nous avons vu de l'autre côté nos vaches couchées : elles n'étaient pas loin. Je suis redescendue la première, et lorsque j'étais à cinq ou six pas avant d'arriver au ruisseau, j'ai vu une clarté comme le soleil, encore plus brillante, mais pas de la même couleur, et j'ai dit à Maximin : viens vite voir une clarté là-bas. Et Maximin est descendu en me disant : *Où elle est?* Je lui ai montré avec le doigt vers la petite fontaine, et il s'est arrêté quand il l'a vue. Alors, nous avons vu une dame dans la clarté : elle était assise, la tête dans ses mains. Nous avons eu peur : j'ai laissé tomber mon bâton. Alors Maximin m'a dit : Garde ton bâton; s'il nous fait quelque chose, je lui donnerai un bon coup.

« Puis cette dame s'est levée droite, elle a croisé les mains et nous a dit : *Avancez, mes enfants, n'ayez pas peur, je suis ici pour vous conter une grande nouvelle.* Puis, nous avons passé le ruisseau et elle s'est avancée jusqu'à l'endroit où nous nous étions endormis. Elle était entre nous deux; elle nous a dit, en pleurant tout le temps qu'elle nous a parlé (j'ai bien vu couler ses larmes) : »

DISCOURS DE MARIE

AUX DEUX JEUNES BERGERS.

« Si mon peuple ne veut pas se soumettre,
» je suis forcée de laisser aller la main de mon
» Fils, elle est si forte et si pesante que je ne
» peux plus la maintenir.

» Depuis le temps que je souffre pour vous
» autres! Si je veux que mon Fils ne vous aban-
» donne pas, je suis chargée de le prier sans
» cesse. Et pour vous autres, vous n'en faites
» pas cas. Vous avez beau prier, beau faire, ja-
» mais vous ne pourrez récompenser la peine
» que j'ai prise pour vous autres.

» *Je vous ai donné six jours pour travailler,*
» *je me suis réservé le septième, et on ne veut*
» *pas me l'accorder.* C'est ça qui appesantit
» tant la main de mon Fils.

» Ceux qui conduisent les charrettes ne sa-

» vent pas jurer, sans y mettre le nom de mon
» Fils au milieu.

» Ce sont ces deux choses qui appesantissent
» tant la main de mon Fils.

» Si la récolte se gâte, ce n'est rien qu'à
» cause de vous autres. Je vous l'ai fait voir
» l'année passée par les pommes de terre : vous
» n'en avez pas fait cas. C'est, au contraire,
» quand vous trouviez des pommes de terre
» gâtées, vous juriez, vous mettiez le nom de
» mon Fils : elles vont continuer, *que* cette
» année pour Noël il n'y en aura plus. »

« Et puis, moi, je ne comprenais pas bien ce que cela voulait dire des *pommes de terre*. J'allais dire à Maximin ce que ça voulait dire des *pommes de terre*, et la dame nous a dit : Ah ! mes enfants, vous ne comprenez pas; je m'en vais vous le dire autrement. Puis elle a continué : »

« Si las truffas se gastoun aï rien que per vous
» aoutres : vous oou aiou fa veyre, l'an passa,
» naia pas vougu fas counti, qu'éra oou coun-
» trère quand troubava de truffas gastas, dju-
» rava, l'y bitava lou nouc de moun fis, oou
« mey. E van countinua, qu'aquey an per
» tsaleDdas n'y oouré plus. Si ava de bla faou
» pas lou semenas, que tout ce qué semenaré,

» las bestias vous lou mendjaren, et ço que
» vendré toumbaré tout en poussièra quant
» l'eyquoïré.

» Vendret una granda famina. D'avant que la
» famina vène, lous marris oou dessous de sept
» ans prendren un tremblen mariren entre las
» mas de las personnas que lous tendren : è
» lous aoutrés faren penitença de famina.

» Las nouzas vendren boffes, lous razins
» puriren.

« Si se counvertissoun, las peyras, lous
» routsas seren de mountcous de blas, las truffas
» seren ensemensas per las terras.

» Fasa bien vouatra prièra mous marris? —
» Tous deux nous avons répondu : Pas guaïré
» Madama. Tsoou bien la fas, mous marris,
» vêpres et mati qu'ant diria aoumen qu'un
» *Pater* et un *Ave Maria* quant pouyré pas may
» fa; et quant pouyré mey fas n'en may diré.

» Vay que quaouque fena un paou d'iadjé à la
» messa; touts aoutrés trabailloun tout l'stiou
» la dimentsa : et l'hiber quan saben pas que fa,
» lous garçouns van à la messa per se mouqua
» de la religiou; et la careyma van à la boutsaria
» coumo lous tsis.

» N'ava djis vegu de bla gasta, mous marris?
» — Maximin répondit : oh! nou Madama. —

(18)

» Moi je ne savais pas à qui elle demandait cela
» et je répondis bien doucement : Nou Madama,
» n'ai d'jis végu. Et vous moun marris n'an deva
» bian avé végu un viadge ; ves lou Caïers ambe
» vouetre payre. Que lou mestre de la peça que
» disia à vouetre payre, d'ana veyré soun bla
» gasta e pey le anéra tous deux, prenguera
» doux treïes cipias de bla din vouatres mas,
» les froutera et senguet tout en poussièra è
» pey vous nentournera : quant era plus que
» dimé houra luen de Couarp, vouetre payre
» vous beylle una peça de pa en vous disant : té
» moun marri, mendja en cas de pa aqueytan
» que saboun pas qui n'en vaï mendja l'an que
» ven, si lou bla countinua coume aquo. —
» Maximin a répondu : Oh ! si Madama, men
» rappeloa avos, adès me n'en rappela vous
» pas. »

Traduction du patois.

« Si les pommes de terre se gâtent, ce n'est
» rien que pour vous autres : je vous l'ai fait voir
» l'an passé : vous n'en avez pas voulu faire cas.
» Que c'était au contraire, quand vous trouviez
» des pommes de terre gâtées, vous juriez en y
» mettant le nom de mon Fils au milieu. Elles
» vont continuer à se gâter, *que* cette année pour

» la Noël il n'y en aura plus. Si vous avez du blé,
» il ne faut pas le semer ; tout ce que vous
» sèmerez, les bêtes le mangeront : ce qui vien-
» dra, tombera tout en poussière quand vous le
» battrez.

« Il viendra une grande famine. Avant que la
» famine vienne, les enfants au-dessous de sept
» ans prendront un tremblement et mourront
» entre les mains des personnes qui les tien-
» dront : les autres feront pénitence par la
» famine.

» Les noix deviendront mauvaises et les rai-
» sins pourriront.

» S'ils se convertissent, les pierres et les ro-
» chers se changeront en monceaux de blé, et
» les pommes de terre seront ensemencées par
» les terres.

» Faites-vous bien votre prière, mes enfants ?
» Tous deux nous avons répondu : Pas guère,
» Madame.

» Il faut bien la faire, mes enfants, soir et
» matin. Quand vous ne pourrez pas mieux
» faire, dire seulement un *Pater* et un *Ave*
» *Maria*. Et quand vous aurez le temps, en dire
» davantage.

» Il ne va que quelques femmes âgées à la
» messe : les autres travaillent le Dimanche tout

» l'été, et l'hiver ; quand ils ne savent que faire,
» les garçons ne vont à la messe que pour se
» moquer de la religion. Le carême, on va à la
» boucherie comme les chiens.

» N'avez-vous pas vu du blé gâté, mon enfant?
» — Maximin répondit : Oh! non, Madame. Moi
» je ne savais pas à qui elle demandait cela, et
» je répondis doucement : Non, Madame, je
» n'en ai pas encore vu. — Vous devez bien en
» avoir vu, mon enfant, en s'adressant à Maxi-
» min, une fois vers la terre du Coïn, avec votre
» père. Le maître de la pièce dit à votre père
» d'aller voir son blé gâté; vous y êtes allés tous
» deux. Vous prîtes deux ou trois épis dans vos
» mains, les froissâtes et tout tomba en pous-
» sière : puis, vous vous en retournâtes. Quand
» vous étiez encore à demi heure de Corps,
» votre père vous a donné un morceau de pain
» et vous a dit : Tiens, mon enfant, mange en-
» core du pain cette année, je ne sais pas qui
» en mangera l'année prochaine, si le blé conti-
» nue comme ça. — Maximin a répondu : Oh!
» oui, Madame, à présent je m'en souviens ;
» tout-à-l'heure je ne m'en souvenais pas ».

« Après cela, la Dame nous a dit en français :
Hé bien, mes enfants, vous le ferez passer à tout mon peuple. Elle a passé le ruisseau et

nous a retourné dire : *Hé bien, mes enfants, vous le ferez passer à tout mon peuple.* Puis, elle est montée jusqu'à l'endroit où nous étions allés pour regarder vos vaches.

» Elle ne touchait pas l'herbe : elle marchait à la cime de l'herbe. Nous la suivions avec Maximin ; je passai devant la dame et Maximin un peu à côté, à deux ou trois pas. Et puis cette dame s'est élevée un peu en haut (Mélanie fait un geste en élevant la main d'un mètre ou un peu plus, au-dessus de la terre), puis elle a regardé le ciel, puis la terre : puis nous n'avons plus vu la tête, plus vu les bras, plus vu les pieds : on n'a plus vu qu'une clarté dans l'air ; après, la clarté a disparu, et j'ai dit à Maximin : c'est peut-être une grande sainte. Et Maximin m'a dit : si nous avions su que c'était une grande sainte, nous lui aurions dit de nous amener avec elle. Et je lui ai dit : Oh, si elle y était encore ! Alors Maximin lança la main pour attraper un peu de la clarté, mais il n'y eut plus rien. Et nous regardâmes bien pour voir si nous ne la voyions plus. Et je dis : Elle ne veut pas se faire voir pour que nous ne voyons pas où elle va. Ensuite nous fûmes garder nos vaches ».

Impossible de marquer ici les milliers de personnes qui firent des questions à Mélanie.

D. Ne t'a-t-elle pas dit autre chose ?

Mélanie. Non, Monsieur.

D. Ne t'a-t-elle pas dit un secret ?

Mélanie. Oui, Monsieur. Mais elle nous a défendu de le dire.

D. Sur quoi t'a-t-elle parlé ?

Mélanie. Si je vous dis sur quoi, vous comprendrez bientôt ce que c'est.

D. Quand t'a-t-elle dit ton secret ?

Mélanie. Après avoir parlé des noix et des raisins. Mais avant qu'elle me le donnât, il me semblait qu'elle parlait à Maximin, et je n'entendais rien.

D. T'a-t-elle donné ton secret en français ?

Mélanie. Elle me l'a donné en patois.

D. Comment était-elle vêtue ?

Mélanie. Elle avait des souliers blancs, avec des roses autour de ses souliers; il y en avait de toutes les couleurs; des bas jaunes, un tablier jaune, une robe blanche, avec des perles partout; un fichu blanc, des roses autour, un bonnet haut un peu courbé en avant, une couronne autour de son bonnet avec des roses : elle avait une chaîne très-petite qui tenait une croix avec son Christ. A droite, étaient des tenailles, à gauche un marteau; aux extrémités de la croix, une grande chaîne tombait comme les roses autour de son fichu. Elle avait la figure blanche, allongée. Je ne pouvais pas la voir bien longtemps *pourquoi* qu'elle m'éblouissait ».

Sans faire violence au texte, vu la grossièreté de ces petits montagnards qui ne savaient pas lire, ne serait-il pas permis de penser que le détail de ce costume, conforme, il est vrai, aux idées de ces enfants, ne l'est pas aux expressions qu'aurait employées une personne mieux instruite? Nous avons remarqué, il y a quelques semaines, que Maximin, qui aujourd'hui a fait une partie de ses études, ne nous parla ni de coëffe, ni de bonnet, ni même de roses autour de la tête, mais il nous dit que la sainte Vierge avait une *auréole de gloire*.— Du reste, nous ne donnons aucune importance à notre observation qui ne fait rien à la question. Inutile d'ajouter que quant à la croix avec son Christ, les tenailles et le marteau, il n'eût été possible ni aux enfants ni à personne de se tromper.

VII.

Ce récit n'a point varié.

Avant de prouver que les petits montagnards 1° n'ont pas inventé ce récit; 2° qu'il ne leur a pas été inspiré par un habile imposteur, il faut bien établir que les enfants le font, aujourd'hui, tel qu'ils le firent le premier jour, sans rien y ajouter, rien intercaler, rien en retrancher : ils n'ont jamais varié. C'est ainsi qu'ils l'ont dicté au commencement à M. Lagier, Curé dans le diocèse de Grenoble, natif de Corps ; à M. l'abbé Lambert, natif de Beaucaire ; à M. Chambon, supérieur du petit séminaire, accompagné de trois de ses professeurs.

Mais j'entends la voix d'hommes qui se récrient de ne voir là que le témoignage de prêtres. Il est vrai que de tels témoins nous ont paru toujours devoir compter parmi les plus irrécusables. Cependant, pour affirmer que notre récit n'a subi aucune altération, outre les nombreux ecclésiastiques, nous avons 1° M. Peytard, il n'est pas prêtre, il est maire de la Salette. Il voulut donner de l'argent aux enfants pour les faire taire ; 2° M. Dumanoir, il n'est pas prêtre, il est docteur en droit, juge suppléant à Montélimar, il rédigea lui-même les déclarations de Jean Selme et de Baptiste Pra, relatives à l'évènement ; 3° les habitants de Corps sans en excepter un seul, la population des contrées environnantes ; enfin, peut-être plus d'un million d'étrangers accourus de toutes les parties du globe.

VIII.

Cour d'Appel de Grenoble.

A tous ces témoignages nous ajouterons celui d'une autorité bien imposante et sans réplique. La pièce qui le contient a été déposée au parquet de la Cour d'Appel de Grenoble, accompagnée d'une lettre du juge de paix de Corps au procureur du roi. Le fait de la Salette avait retenti dans les hautes régions du pouvoir. Le Tribunal civil de Corps eut à prendre des informations, à faire subir aux enfants un interrogatoire et à dresser un procès-verbal. Les enfants furent introduits séparément et avec la plus grande solennité, bien avertis qu'il fallait dire toute la vérité et rien que la vérité, tournés et retournés en tout sens pour les faire contredire, menacés avec sévérité, si l'on découvrait qu'ils eussent trompé.

Au juge de paix, comme au tribunal entier, comme au maire de la Salette, comme à Jean Selme, comme à Baptiste Pra, comme à tous, les enfants ont récité le fait mot pour mot comme ils le récitent maintenant, comme ils l'ont toujours récité sans jamais varier. Après de telles preuves, que pourrait-on demander encore ?

IX.

Portraits des jeunes bergers.

Au moment d'ouvrir le champ de la discussion, il nous reste un dernier objet à présenter, les portraits des bergers enfants, seuls témoins et seuls rapporteurs de la grande merveille qui doit subjuguer la croyance des hommes.

Avant le 19 Septembre ils étaient perdus, on peut dire dans l'obscurité la plus complète, et en un jour, ils acquièrent la plus grande célébrité. Jamais portrait du capitaine le plus renommé, jamais portrait de savant, de prince ui de potentat, n'a eu les honneurs qu'on rend à leurs images. La peinture, le dessin, la gravure, et l'or et l'argent et le bronze les ont reproduites comme à l'infini. Aucune représentation de Notre-Dame de la Salette, où on ne voie avec la Reine des Anges, Maximin et Mélanie. Partout, ils la suivent comme ils la suivirent sur le sentier de la montagne. On peut les comparer à Pierre, Jacques et Jean, apôtres du Sauveur, témoins de sa transfiguration. Eux aussi, nos deux petits pâtres, sont deux apôtres,

apôtres de Marie, témoins de son apparition. Leur voix, également aura un retentissement jusqu'aux extrémités du monde : Marie les a chargés d'instruire toutes les nations, puisqu'elles sont toutes le peuple de Marie. Aussi leur caractère, leur naissance, leur famille, leurs défauts, leurs qualités, leurs habitudes, leur langage, leurs manières, tout a été soumis à l'examen le plus minutieux, le plus sévère, le plus souvent répété. Ces pauvres enfants furent visités, appelés, interrogés, ensemble et séparément, par des milliers de personnes de tout rang, de toute condition, de tout degré de science, venus de loin comme de près. Et ces pâtres illettrés les ont toutes satisfaites ou confondues, et toujours les ont ravies d'admiration.

X.

Portrait de Maximin.

« Pierre-Maximin Giraud est né à Corps, le
» 27 Août 1835, de parents pauvres, qui ga-
» gnent leur vie à la sueur de leur front. Son
» père est charron. Maximin est assez petit,
» porte une figure ronde annonçant la santé :
» il regarde avec douceur, fixe sans crainte et

» sans rougir les personnes qui l'interrogent :
» il ne reste pas un instant sans agiter ses bras
» et ses mains. Il gesticule naturellement lors-
» qu'il cause, et quelquefois s'anime jusqu'à
» frapper sur l'objet qui se trouve près de lui,
» surtout lorsqu'on a l'air de ne pas s'en rap-
» porter à ce qu'il dit. Jamais il ne se fâche
» lors-même qu'on le traite de menteur, dans
» les longs interrogatoires qu'on lui fait subir.
» Quelquefois, cependant, exténué de fatigue
» et las de se voir chicaner sur tout ce qu'il dit,
» il se montre impatient, c'est du moins ce
» qu'assurent quelques personnes. Ce naturel
» inculte nous semble prouver encore mieux
» contre la supposition qui ferait les enfants
» trompeurs. Quelques-uns de ceux qui ont
» trouvé les enfants un peu grossiers, peuvent
» s'imputer les défauts dont ils se plaignent,
» car au dire de témoins, ils avaient poussé à
» bout les pauvres enfants, par une foule de
» chicanes et de questions minutieuses, qui
» auraient embarrassé et même dépité les per-
» sonnes raisonnables.

» D'autres aussi ont pu trouver les enfants
» pas assez complaisants, par suite des inter-
» rogatoires précédents, comme on l'a remar-
» qué plus d'une fois. Quand Maximin a fait son

» récit et répondu aux principales difficultés
» qu'on lui oppose, il cherche à s'échapper pour
» retourner à ses amusements.

» Avant l'évènement, Maximin n'allait point
» à l'école : il ne savait ni lire ni écrire, il était
» sans éducation, sans instruction. Conduit à
» l'église, il s'échappait assez souvent pour aller
» jouer avec ses petits compagnons, de sorte
» que dépourvu de toute instruction religieuse,
» il n'avait pu être compris parmi les enfants
» que le Curé préparait à la première commu-
» nion. Son père déclare qu'il n'avait pu lui
» apprendre le *Notre Père* et le *Je vous salue*
» qu'avec peine, en trois ou quatre ans. Si
» Maximin a des défauts qui tiennent de son
» âge, on ne lui connaît pas de vices, si ce n'est
» peut-être quelque penchant à la gourmandise.
» Pierre Selme, dit Bruite, propriétaire aux
» Ablandins, hameau de la Salette, interrogé
» par nous sur ce qu'il avait remarqué dans
» Maximin pendant le petit nombre de jours
» qu'il l'avait eu à son service, nous a répondu :
» *Maximin était un innocent sans malice*, sans
» prévoyance. Avant qu'il partît pour mener nos
» vaches à la montagne, nous lui faisions manger
» la soupe, puis nous garnissions *sa blouse et
» son sac de provisions pour la journée. Eh*

» *bien, nous avons surpris Maximin qui en*
» *chemin avait déjà mangé ses provisions du*
» *jour en les partageant largement avec le chien.*
» *Et quand nous lui disions : mais que man-*
» *geras-tu dans la journée ? Maximin nous ré-*
» *pondait : Mais je n'ai pas faim.*

» Maximin n'a point d'amour-propre ; il avoue
» avec une grande ingénuité la misère de sa
» condition, la bassesse de ses premières occu-
» pations. Quand nous lui avons demandé : *Où*
» *étais-tu, que faisais-tu avant d'aller en service*
» *chez Pierre Selme ?* Il a répondu naïvement :
» *J'étais chez mes parents et j'allais ramasser*
» *du fumier sur la grande route.* Il va plus
» loin, il avoue ses défauts, ses mauvaises in-
» clinations. Ainsi, par deux fois, le 15 et le
» 19 novembre, je l'ai fait venir dans ma cham-
» bre. Là, je lui ai dit : « Maximin, on m'a dit
» qu'avant l'apparition de la Salette, tu étais un
» peu menteur ? Maximin, en souriant et d'un
» air de candeur : — On ne vous a point trompé,
» on vous a dit vrai : je mentais et je jurais en
» jetant des pierres après mes vaches, lors-
» qu'elles s'écartaient. »

» Depuis l'évènement du 19 septembre 1846,
» Maximin va à l'école chez les sœurs de la Pro-
» vidence, vertueuses et zélées institutrices. Il

» y passe la journée, et y prend ses repas. La
» respectable supérieure des sœurs, femme de
» sens et d'un âge mûr, a voulu, du consente-
» ment de Mgr. l'Évêque de Grenoble, se char-
» ger de l'éducation de Maximin. Interrogée par
» nous sur ce qu'elle remarque depuis près de
» dix mois sur cet enfant, elle nous a répondu :
» — Maximin ne montre que des moyens ordi-
» naires, il apprend à lire, à écrire, il étudie le
» catéchisme, etc. Il est assez obéissant, mais
» léger, aimant le jeu, remuant sans cesse;
» jamais il ne nous a parlé de l'affaire de la
» Salette, et nous avons évité de le faire parler
» là dessus, pour qu'il ne se donnât pas de
» l'importance. Jamais, au sortir des nombreux
» interrogatoires qu'on lui a fait subir, il ne dit
» à qui que ce soit, ni à nous ni aux autres en-
» fants, quel est le personnage qui l'a demandé,
» quelles questions on lui a adressées. Après
» ses courses à la Salette, après ses interroga-
» toires, il rentre aussi simplement, aussi bon-
» nement que s'il n'avait été question de rien
» pour lui. Je n'ai pas voulu qu'il reçût de l'ar-
» gent que quelques pèlerins lui offrent. Quand
» parfois il est forcé d'en accepter, il me le
» remet fidèlement et ne s'inquiète nullement
» si je l'emploie pour lui ou pour ses parents.

» Quant aux objets de piété, comme livres,
» croix, chapelets, médailles, images, etc.,
» qu'on lui donne en cadeau, il n'y tient pas du
» tout ; souvent il les donne au premier petit
» camarade qu'il rencontre. Souvent aussi il les
» perd ou les égare par suite de sa légèreté
» naturelle. Maximin n'est pas naturellement
» pieux : cependant il assiste volontiers à la
» Messe, prie de bon cœur toutes les fois qu'on
» le fait souvenir de ce devoir. En un mot,
» cet enfant ne paraît nullement s'aperce-
» voir qu'il est, depuis dix mois, l'objet de la
» curiosité, de l'empressement, de l'attention
» et des caresses d'un public nombreux ; il ne
» se doute pas d'être la cause première du con-
» cours prodigieux qui a lieu chaque jour à la
» Salette.

» Ainsi nous a parlé, avec un sens exquis,
» cette digne supérieure. Nous pouvons ajouter
» qu'aujourd'hui Maximin n'a point changé de
» caractère quoiqu'il y ait vingt mois écoulés
» depuis l'évènement. »

XI.

Portrait de Mélanie.

« La jeune bergère *Françoise-Mélanie Ma-*
» *thieu* est aussi née à Corps le 7 novembre 1831

» de parents très pauvres. Jeune encore elle fut
» placée en service, pour gagner sa vie en gar-
» dant les troupeaux. Elle ne venait que rare-
» ment à l'église parce que ses maîtres l'occu-
» paient les dimanches et les fêtes comme les
» autres jours de la semaine. Elle n'avait pres-
» que aucune connaissance de la religion, et sa
» mémoire ingrate ne pouvait retenir deux li-
» gnes du catéchisme : aussi, n'avait-elle pu être
» admise à faire sa première communion. Quoi-
» que âgée de près de 16 ans, Mélanie n'est ni
» forte, ni grande, ni développée en raison de
» son âge : sa figure est douce et agréable. On
» remarque une grande modestie dans son main-
» tien, dans la pose de sa tête, dans ses re-
» gards. Quoique un peu timide, elle n'est ni
» gênée, ni embarrassée avec les étrangers. Les
» neuf mois qui ont précédé l'apparition de la
» Salette, elle était au service de Baptiste Pra,
» autre propriétaire des Ablandins, l'un des ha-
» meaux de la Salette. Interrogé sur le caractère
» de Mélanie, ce brave homme l'a dépeinte
» comme étant d'une timidité excessive, et tel-
» lement insouciante, qu'en revenant le soir de
» la montagne, toute trempée par la pluie, elle
» s'endormait dans l'écurie. D'autres fois, si on
» ne s'en était aperçu, elle aurait passé la nuit

» à la belle étoile. Baptiste Pra a encore déposé
» que Mélanie, avant l'apparition, était pares-
» seuse, désobéissante, boudeuse au point de ne
» vouloir pas quelquefois répondre à ceux qui
» lui adressaient la parole. Mais depuis l'appa-
» rition elle est devenue active et obéissante :
» elle fait mieux sa prière. »

Terminons les deux portraits en disant que ces enfants n'ont jamais montré aucune sympathie l'un pour l'autre. Ils se connaissaient à peine avant l'évènement : ils furent séparés dès le lendemain. Se trouvant réunis au bout de quelques mois, ils ne se fuyaient pas, si vous voulez, mais ils ne se cherchaient nullement. Cette sorte d'antipathie paraît avoir duré : nous en avons eu des preuves récentes.

XII.

Le fait de la Salette est vrai.

Devons-nous ajouter foi au récit que font les petits bergers de la Salette : ont-ils vu la sainte Vierge : leur a-t-elle tenu le discours que ces enfants nous rapportent ? — Oui ; nous croyons qu'il est impossible d'en douter, parce qu'un examen tant soi peu attentif nous montre ce fait comme portant avec lui tous les caractères de la plus grande certitude morale possible,

1.°

Il n'est pas possible que ces enfants aient voulu inventer une fable.

Dites-nous, en bonne conscience, pourrait-on supposer une telle chimère, savoir que ces enfants aient conçu, aient réalisé le projet d'inventer qu'ils avaient vu d'abord une grande clarté, puis, comme ils le disent, dedans cette clarté, une belle Dame plus éblouissante que le soleil? Cette Dame pleure, ils sont saisis de frayeur; elle, au contraire, les invite à venir; et admirez surtout ici, les enfants imaginent un discours beau d'expression biblique, réunissant le style de la pastorale et quelques traits du style sublime, Isaïe, Moyse; et les petits prophètes, un garçon de onze ans, auquel on en donnait huit ou neuf, qui ne savait pas lire pas plus que la gardeuse de vaches, cette fille de quatorze ans, boudeuse et qui ne parlait presque jamais. C'est vouloir remplacer un miracle par un autre beaucoup plus grand. Non, non, supposer une telle invention éclose dans de tels cerveaux, serait pleinement chimérique et trop absurde.

Voudra-t-on recourir à une supposition, et

dire que dans ces deux petits êtres c'est une hallucination, un rêve? En vérité, on a osé le dire. Mais si saint Augustin vivait, il ne manquerait pas de vous dire que c'est bien vous qui avez dormi et rêvé quand vous avez conçu cette nouvelle chimère. Quoi! un rêve de cette espèce qui dure depuis sept ans, qui est venu se former dans deux têtes à la fois, et dans deux têtes qui se ressemblent si peu! Quoi! un rêve qui laisse les dormeurs si bien éveillés sur tout le reste! Vous n'y pensez pas; ou, pour qui prenez-vous ceux auxquels vous osez raconter votre singulier rêve?

2.°

Un imposteur ne les a pas trompés?

Nouvelle ressource de nos adversaires : les enfants, d'après eux, seraient le jouet innocent d'un habile inposteur. Où est-il? Qui est-il? M. le Curé de Corps? Mais, sans doute, vous n'avez jamais vu ni lui ni ses écrits. Quel homme propre à de telles inventions! Du reste, il ne connaissait ces enfants que comme de petits ignorants qu'il n'avait pu admettre à la première communion. Madame la supérieure du couvent de Corps? Elle n'a su qu'il y avait au monde et à Corps un Maximin Giraud et une Mélanie Mathieu que depuis l'apparition. Cet habile imposteur serait peut-être M. Perrin, Curé de la Salette? Un vieillard infirme qui n'a jamais été sur cette montagne, très-pieux, il est vrai, qui pleure en écoutant le récit des enfants et s'en va sur l'heure le redire en chaire, confondant avec ses pleurs, et ses paroles, et ses sanglots, faisant dire à une personne qui était présente qu'elle avait pu deviner juste ce qu'il avait voulu dire. Quinze jours après, M. Perrin partait pour aller régir une autre paroisse; on nous a dit qu'il était mort depuis comme un saint, au pied de l'autel, pendant qu'il faisait l'action de grâce après la Messe.

Serait-ce une aventurière? Même question. Quel profit en a-t-elle espéré? Où a-t-elle passé pour arriver à la Salette, sans être vue de quarante bergers épars sur la montagne pleinement découverte? D'où vient-elle? De Corps? Mais comment se fait-il que personne, à Corps, ne connaisse une femme capable de tours de cette force? Où se tient-elle cachée? Est-ce une étrangère? Mais où a-t-elle donc appris le patois de Corps?

Cet imposteur serait-il laïque? Hé, quel gain se promettait-il? Qu'en a-t-il retiré? C'est peut-être Satan : on l'a dit ; et que n'a-t-on pas dit et supposé ? Mais depuis quand Satan prêche-t-il qu'il ne faut pas travailler le Dimanche ? Qu'on doit aller à la Messe, que le blasphème est un crime énorme ? Depuis quand Satan porte-t-il un crucifix pour ornement ? *Si Satan est divisé contre lui-même, comment son règne pourra-t-il subsister ?*

3.º

Sagacité de l'esprit des bergers, mais seulement dans l'affaire de la Salette.

Maximin n'a jamais passé pour un petit aigle. Ses compatriotes le regardent comme un enfant bien ordinaire. Son père n'était parvenu qu'avec beaucoup de peine à lui apprendre presque le *Pater*, et son Curé ne put l'admettre que long-temps après l'évènement, à faire la première communion. Il la fit avec les autres enfants et avec Mélanie. Cette dernière avait seize ans, et Madame la supérieure de Corps n'avait réussi que depuis peu à lui faire retenir les actes de foi, d'espérance et de charité. En somme, les enfants étaient de vrais ignorants. Maximin est un étourdi, appelé mouvement perpétuel. Sans cesse il remue quelque objet, pendant qu'il vous parle ; il n'a pas de cervelle. Il est grossier, malhonnête, parle de tout et ne sait presque rien. Mélanie est taciturne, insouciante et boudeuse. — Mais essayez de les mettre l'un et l'autre sur le fait de la Salette? Demandez à Maximin de vous raconter l'histoire merveilleuse? Voilà cette nature si mobile qui se fixe : quelque chose de mystérieux se répand sur tout son être : il poursuit et termine avec une gravité non affectée, et toute naturelle. Or, quand il s'est arrêté, faites-lui des questions, cherchez à l'embarrasser, vous n'y réussirez pas.

Nous allons poser un certain nombre de ces questions, prises entre mille, et à tout homme, au littérateur comme au théologien, comme au plus savant, comme au plus subtil des argumentateurs, nous dirons : Je veux croire que vous trouverez la réponse le plus souvent : eux, toujours. Vous cherchez quelquefois : eux, jamais. Vous dépasserez la demande pour mieux expliquer : eux, ont une barrière qu'ils ne franchissent pas, ils répondent juste à ce qui est demandé. Rarement, vous oserez insister : si vous le faites, ce sera pour être encore mieux écrasé.

D. La dame t'a trompé, Maximin : elle t'a

prédit une famine, et cependant la récolte est bonne partout.

Maximin. Qu'est-ce que cela me fait? Elle me l'a dit, cela la regarde.

A cette question, les enfants ont répondu d'autres fois :

Mais si on fait pénitence.

D. La dame que vous avez vue est en prison à Grenoble.

Les enfants. Bien fin qui la prendra.

D. La dame que vous avez vue n'était qu'un nuage lumineux et brillant.

Un des deux répond sur-le-champ : Mais un nuage ne parle pas.

Un prêtre. Tu es un petit menteur; je ne te crois pas.

Maximin. Qu'est-ce que cela me fait, je suis chargé de vous le dire, pas de vous le faire croire.

Un autre prêtre. Vois-tu, je ne te crois pas, tu es un menteur.

Maximin avec vivacité : Alors, pourquoi venir de si loin pour m'interroger?

Un troisième Curé interrompant Mélanie dans son récit, en présence d'une quarantaine de personnes.

La dame a disparu dans un nuage.

MÉLANIE. Il n'y avait point de nuage.

LE CURÉ. Mais il est facile de s'envelopper d'un nuage et de disparaître.

MÉLANIE avec vivacité : Monsieur, enveloppez-vous d'un nuage et disparaissez.

Plus heureux fut M. Albertin, professeur au grand séminaire de Grenoble. Ne t'ennuies-tu pas, mon petit, d'avoir à répéter tous les jours la même chose ?

MAXIMIN. Et vous, Monsieur, vous ennuyez-vous de dire tous les jours la Messe ?

D. Le personnage merveilleux que vous avez vu n'est-il pas un mauvais esprit, le démon qui voudrait semer le désordre dans l'Eglise ?

MÉLANIE. Mais, Monsieur, le démon ne porte pas une croix.

D. Mais il a bien porté Notre-Seigneur sur le temple et sur une montagne.

MÉLANIE. Mais Jésus-Christ alors n'était pas *glorifié*.

D. Mélanie, n'êtes-vous point ennuyée de répéter si souvent les mêmes choses ?

MÉLANIE. Non, Monsieur.

D. (En présence d'un très-grand nombre de personnes.) Cela doit pourtant vous ennuyer, surtout quand on vous fait des questions embarrassantes.

MÉLANIE. Monsieur, on ne m'a jamais fait des questions embarrassantes.

On dit qu'à ce moment il y eut dans l'auditoire un silence de stupéfaction : chacun parut *fort embarrassé.*

D. Maximin, si vous aviez commis un péché mortel, que feriez-vous ?

MAXIMIN. Je tâcherais de me repentir et j'irais me confesser.

D. Mais s'il te fallait mourir sans pouvoir te confesser ?

MAXIMIN. Hé bien, je l'aurais voulu !

Tirez ces enfants du fait de la Salette, remettez-les à tout autre objet, vous ne trouverez que les enfants refusés par M. le Curé pour la première communion, à défaut d'instruction, bornés comme de petits montagnards qui ne savent pas lire, et qui ne connaissent que leurs vaches et l'étable où quelquefois ils couchent comme elles.

Évidemment, des réponses faites avec cette précision, si promptes, si péremptoires, si profondes et sans répliques, n'étaient pas les réponses des enfants. Un autre répondait par la bouche de ces nouveaux apôtres. C'est le même esprit qui leur inspirait la fermeté que nous allons admirer.

4.º

Fermeté des enfants comparée à celle des Apôtres.

Saint Pierre et Saint Jean furent arrêtés à Jérusalem, mis en prison, amenés devant les Juges irrités et menaçants : *Nous vous défendons, dirent-ils*, de parler de Jésus en quelque manière que ce soit. Les Apôtres répondirent qu'il leur était impossible de taire ce qu'ils avaient vu et entendu : *Non possumus quæ vidimus et audivimus non loqui*. Nous admirons ces paroles surtout en nous souvenant qu'elles furent prononcées d'un ton si viril et si ferme, par des hommes qui étaient quelques jours avant si faibles et si pusillanimes. Ah ! que ces mêmes paroles acquièrent un nouvel éclat de noblesse et de dignité, quand elles sortent de la bouche d'une jeune fille de quatorze ans, et d'un garçon qui n'en avait pas douze ! Les apôtres, enfants de la Salette, ne sont-ils pas admirables comme les apôtres de Jérusalem, hommes faits et d'un âge très-mûr ?

« Dès le lendemain du 19 septembre 1846, » M. Peytard, maire de la Salette, interrogea » Mélanie restée seule dans le pays, et quelques

» jours après, Mélanie conjointement avec Maxi-
» min qu'on avait fait venir. Sans croire encore
» à leurs dépositions, mais aussi sans les re-
» pousser, il les exhorte, les prie, leur ordonne
» de garder le silence sur cet évènement, et
» aussitôt les enfants lui répondent : *Nous ne*
» *pouvons nous empêcher de dire ce que nous*
» *avons vu, ce que nous avons entendu ; on nous*
» *a ordonné de le dire.* »

Ajoutons que M. Peytard, pour vaincre ces enfants, avait voulu leur donner de l'argent. Lui et son argent furent repoussés avec indignation.

Et vous viendrez nous dire que ce petit pâtre et cette petite fille, si peu de chose d'ailleurs, ne sont pas inspirés et fortifiés d'en haut !

5.º

Leur modestie et leur patience.

« Depuis plus de 20 mois, ils ne s'aperçoi-
» vent ni de la célébrité qu'ils ont acquise, ni
» de l'ébranlement qu'ils ont imprimé aux po-
» pulations même les plus éloignées. Depuis plus
» de 20 mois, les personnages les plus distin-
» gués accourus souvent de fort loin, les font
» venir, les interrogent, les conduisent avec eux

» sur le théâtre de l'évènement, les tournent et
» retournent en tout sens, emploient tour à tour
» à leur égard, promesses et menaces, caresses
» et injures, les fatiguent de leurs objections,
» les chicanent sur tout, les prennent ensemble,
» et puis l'un après l'autre... Et depuis plus de
» vingt mois, les enfants ne se lassent pas de
» répéter les mêmes choses, de répondre aux
» difficultés sans nombre dont on cherche à les
» embarrasser, de subir des interrogatoires de
» cinq, six et sept heures. Ordinairement ils se
» montrent doux et calmes; lorsqu'ils sont las
» et épuisés, ils laissent percer leur défaut d'é-
» ducation, ils se montrent peu complaisants
» et presque grossiers. Mais jamais ils ne va-
» rient, jamais ils ne se contredisent. Mais au
» sortir de ces longs, pénibles et ennuyeux in-
» terrogatoires, rendus à la liberté, ils ne pen-
» sent plus à rien, ne parlent de rien, ni en-
» tr'eux, ni avec leurs compagnons, ni à leurs
» parents, ni aux personnes qu'ils connaissent.
» Ils ne paraissent préoccupés ni des personnes
» qui les ont fait venir, ni des questions qui
» leur ont été adressées, ni des difficultés qui
» leur ont été faites, ni de la longueur des
» séances qu'on leur a fait subir, ni de la fati-
» gue de la course si souvent répétée à la Sa-

» lette. Le Pape lui-même les aurait interrogés
» qu'ils ne le diraient ni ne s'en vanteraient à
» personne. Jamais, quand l'un est interrogé,
» l'autre ne paraît inquiet et soucieux de ce que
» l'on peut demander à son compagnon. Jamais
» après l'interrogatoire, l'un ne demande à l'au-
» tre ce qu'on lui a dit. Leur rôle fini, ils s'en
» vont tout naturellement à leur école ou à leurs
» jeux. Le fait de la Salette semble ne plus les
» regarder... »

Si les preuves du miracle de l'apparition n'é-taient pas aussi nombreuses et aussi éclatantes, nous dirions que ce caractère des enfants est le plus grand de tous les miracles. Ici la nature de l'enfance est neutralisée, détruite, elle est anéantie pour reparaître ensuite. Et c'est ce retour qui agrandit le miracle.

6.°

Secret donné par Marie, inviolablement gardé.

Cependant, il faut convenir que c'est dans le secret confié par Marie aux enfants que brillent par-dessus tout, ce caractère miraculeux, cette fermeté modeste et patiente, ce cortége complet de toutes les vertus et de tous les dons. Pour leur arracher ce secret, on les a tournés et puis tournés et retournés, flattés, menacés, rebutés, torturés ; impossible de rien obtenir : pas une lueur, pas une ombre n'a paru de ce qu'il leur avait été recommandé de ne pas publier. Lisez la lettre d'un ecclésiastique célèbre, devenu évêque. On a peine à concevoir qu'un pauvre enfant ait été soumis à tant d'épreuves et si délicates et si pénibles. L'or a brillé à ses yeux, huit cents francs en petits rouleaux, qu'il touchait, regardait, admirait avec une sorte d'extase : on a voulu les lui donner pour tirer son père de l'indigence affreuse où il était : on a promis châteaux, richesses, on a tout essayé. Rien. L'ecclésiastique est parti pour aller tracer un portrait de ce pauvre enfant qui n'est nullement flatteur. Cet ecclésiastique éprouvait contre Maximin une répulsion proportionnée à la ressemblance qu'il lui trouvait avec le plus méchant enfant que lui, prêtre, supérieur d'un établissement, eût élevé. En voyant ce portrait, en étudiant les embûches que ce prêtre tentateur avait dressées contre le pauvre Maximin, on est saisi de compassion pour l'enfant ; le sentiment de répulsion, je dirai presque de haine que l'auteur a contre ce petit berger, il le convertit contre sa personne dans beaucoup de lecteurs : plusieurs ne peuvent s'empêcher de s'écrier : Non, il n'était pas permis de pousser la séduction jusqu'à de telles extrémités, ou le saint prêtre avait eu lui-même révélation que l'enfant de Marie sortirait triomphant de ce combat à outrance. Et alors, nouvelle preuve de la force d'en haut.

7.º

Pourquoi les enfants ont dit avoir un secret.

D. Puisque vous ne voulez pas dire votre secret, pourquoi avez-vous dit en avoir *un?* En ne disant rien, vous auriez évité toutes les questions qu'on vous a faites. Pourquoi donc en avez-vous parlé?

Maximin. Hé! pour dire toute la vérité, Monsieur.

D. Mais en ne disant rien, vous ne manqueriez pas à la vérité.

Maximin. Pardon, Monsieur.

D. Comment donc?

Maximin. On nous a dit : Avez-vous autre chose que la Sainte-Vierge *vous a dit?* Nous avons répondu : Nous avons dit *tout cela* qu'*Elle* nous a dit de dire. Et puis, on nous a demandé : La Sainte-Vierge ne vous a donc pas dit autre chose? *Avez-vous tout dit?* Nous avons répondu : Elle nous a dit encore quelque chose, mais elle nous a défendu de le dire.

D. Ne craignez-vous pas d'oublier ce secret?

MAXIMIN. Qu'est-ce que cela me fait? si je l'oublie, la Sainte-Vierge pourra bien m'en faire souvenir, si elle veut.

On a fait comprendre à ces enfants que le Pape étant chef de l'Eglise pouvait exiger leur secret. Ils ont consenti à le donner dans un écrit cacheté. Mais toujours inébranlables, ils ont résisté avec modestie à un prince de l'Eglise qui voulait leur imposer de livrer le secret décacheté. Un cardinal a échoué contre le jeune pâtre et la jeune fille des montagnes !

Tirez ces enfants du fait de la Salette, ils redescendent au niveau et même au-dessous des enfants de leur âge.

8.º

Conversion des habitants de Corps et de tout le canton.

Dans le récit des faits qui accompagnent le grand miracle de l'apparition, vous marchez comme sur une route non interrompue de nouveaux miracles, dont plusieurs sont permanents et placés sous vos yeux, comme la sagacité des enfants, leur vertu héroïque d'elle-même, naturelle en eux, avec retour constant des défauts et de médiocre intelligence, quand il ne s'agit pas du grand évènement de la montagne.

Témoins de ces prodiges que chacun pouvait examiner, contempler, scruter et palper pour ainsi dire à loisir, aujourd'hui comme demain, quand il voulait; frappés d'ailleurs de tout ce qu'ils voyaient de prodigieux autour d'eux; craignant les menaces du ciel faites par Marie; touchés d'un repentir sincère, obtenu sans doute par la reine de la miséricorde, les habitants de la Salette et de Corps et de tout le canton renouvellent toute la face de la terre qu'ils habitent, par une conduite diamétralement opposée à ce qu'ils avaient pratiqué jusque-là. Le Dimanche, travail, messe manquée ou profanée par une assistance pleine de dissipation, blasphèmes, viandes prohibées à certains jours, tout abondait là autant ou plus qu'ailleurs. Et ces scandales, en peu de mois, ont tous disparu, pour faire place à l'observation rigoureuse de toutes les pratiques imposées par la religion. Qui ne recule pas d'étonnement en lisant l'assertion qui va suivre? Qui ne croira pas d'abord qu'elle est exagérée? Mais elle est si bien prouvée, qu'on ne saurait en douter. *Dans le canton de Corps, composé de 5 à 6000 âmes, on en compte à peine cent qui ne se soient pas converties.* Où sont en France les millions de missionnaires qui pourraient jamais en faire autant même après de longues années de prédication? Un homme, par oubli, prononce-t-il un blasphème, son voisin l'arrête à l'instant : *Malheureux, tu veux donc faire revenir la famine ;* et le coupable de répondre : *Ah ! je n'y pensais pas.* Un boulanger auquel on demandait du pain frais un Dimanche, répondit : *Nous ne travaillons pas le Dimanche ; la Sainte-Vierge l'a défendu.*

Ha ! pour que dans un pays, des boulangers en viennent à tenir un pareil langage, il faut qu'un coup parti de bien haut ait fait descendre la conviction bien avant dans les âmes ! Si, dans notre canton qui est composé de douze mille personnes, toutes se convertissaient excepté deux cents, à la suite d'un miracle opéré parmi nous, convenez que ce miracle devrait être tellement évident, revêtu de marques tellement distinctives, qu'il fût impossible à tout homme de le nier à moins d'une obstination réfléchie et voulue? Je dis plus, pour la conversion de onze mille huit cents âmes sur douze mille, dans l'économie ordinaire de la Providence, un miracle, fût-il la résurrection d'un mort de quatre jours, un seul miracle ne suffirait pas pour la conversion de cette masse presque entière de douze mille personnes : il faudrait à côté un second miracle cent fois plus grand, celui de rendre le premier assez efficace pour vaincre tous les obstacles dans tous les cœurs. Ce second miracle, l'Evangile ne nous dit pas qu'il ait suivi la résurrection de Lazare, et il a de nos jours accompagné dans le canton de Corps, le miracle de l'apparition de Marie, à la Salette.

Cependant, si quelqu'un l'aime mieux, qu'il dise que le canton de Corps ne contenait que cent têtes fortes et qui savaient comprendre, tandis que tous les autres n'étaient que des esprits faibles et bornés à qui l'on faisait croire tout ce qu'on voulait.

9.°

Croyance de milliers de personnes accourues de toutes parts à la Salette. Impression du peuple.

Un petit berger conduisant des vaches sur une montagne, un ramasseur de fumier sur une grande route, et une pauvre fille de 14 ans concentrée et silencieuse, ont ensemble une vision : ils la racontent à Jean Selme dit *Bruite* et à

Baptiste Pra. Il ne devait y avoir là, au premier abord, que sujet de rire : beaucoup n'y manquèrent. Mais le rire n'eut pas longue durée; il fit bientôt place à un sérieux examen, au plus grand étonnement, à la stupeur, à la conversion générale des contrées environnantes. Peuples fortunés qui avoisinez la bénite montagne, applanissez-en les sentiers, préparez vos voies pour livrer passage aux députés des nations. Comme l'éclair qui part de l'Orient et brille tout d'un coup jusqu'à l'Occident, ainsi le miracle de l'apparition a rayonné dans le monde. En même temps, Dieu, comme dit Isaïe, d'un coup de sifflet, a voulu convoquer le peuple à la nouvelle montagne où sa Mère vient de prêcher. Nations, accourez; venez toutes vous instruire. Deux pâtres vous attendent là haut, ils y remplacent la Reine du monde, écoutez-les : il leur a été dit à ces nouveaux apôtres : Vous instruirez toutes les nations. Mais Marie ne leur a pas commandé d'aller à vous comme son Fils commanda aux Apôtres d'aller à vos pères pour les instruire : *Ite, docete omnes gentes*. C'est vous qui viendrez à eux leur demander qu'ils vous instruisent; peuples, écoutez-les. Marie est avec eux par une assistance particulière jusqu'à la consommation de la croyance de cette nouvelle bien établie parmi vous.

C'est un miracle bien frappant que cet entraînement des peuples vers la montagne sainte, cette avidité avec laquelle on recherche, on veut voir, on veut entendre Maximin, on veut interroger Mélanie : il semble que le pèlerinage n'aurait pas son complément si vous reveniez sans avoir vu, entendu, interrogé ces deux apôtres auxquels Marie a dit : *Hé bien, mes enfants, vous le ferez passer à tout mon peuple.* Et ces petits pâtres sont visités, écoutés avec attention et respect par les prêtres, par les pontifes, eux qui sont les premiers docteurs des nations, par les savants, les médecins, les avocats, les vieillards, les autres enfants, par tous les hommes, et tous se retirent dans l'admiration de la sagesse de leurs réponses. Dès la première année, plus de cent mille pèlerins gravirent la montagne des miracles. Au jour anniversaire, plus de soixante mille personnes se trouvèrent réunies : elles étaient venues de tout pays.

« La veille, près de 1500 personnes avaient
» gravi la montagne, nonobstant la pluie, le
» froid et les brouillards, et avaient passé la
» nuit exposés à toutes les injures de l'air que

» la piété leur fit courageusement braver. Mais
» qu'elle fut belle, le lendemain, cette proces-
» sion qui commença à une heure après minuit,
» à la lueur des flambeaux, qui couvrit toute la
» journée les seize kilomètres de Corps à la
» montagne et qui, à chaque heure, versait 4 ou
» 5 mille pèlerins nouveaux dans ce temple
» dont le ciel formait la voûte et dont l'enceinte
» embrassait trois montagnes. Disons donc :
» tous ces flots de peuple sont-ils le jouet d'une
» abominable imposture, d'une déplorable
» illusion, d'une infernale machination ? Et
» dans cette foule compacte, n'y avait-il que
» des ignorants et des gens grossiers et supers-
» titieux? n'y distinguait-on pas plus de 250
» prêtres, des centaines de laïques instruits, des
» milliers d'hommes mus par une conviction
» profonde et réfléchie ? »

Tous ces pèlerins rentrés dans leur pays, sont autant de prédicateurs qui font passer au peuple qui n'est pas venu, les paroles apportées du ciel par Marie : et ils trouvent généralement dans les populations, une merveilleuse prédisposition à croire ce miracle plus facilement que les autres : à leur tour, ils sont interrogés sans cesse : *Vous avez vu Maximin ?... il vous a raconté son histoire... Vous avez parlé à cette bergère?...* Et tous ces récits touchent vivement, portent les âmes à la piété, opèrent souvent les conversions les plus extraordinaires. Disons que sans une intervention manifeste de la Providence, on n'expliquera jamais cette impression opérée sur les peuples par le miracle de la Salette, impression qui change les cœurs de tous ceux qui la visitent ou au moins les renvoie tous croyants, et leur donne une grâce particulière pour augmenter le nombre de ceux qui s'avouent convaincus. Deux petits pâtres d'une crasse ignorance, auraient, d'après vous, opéré cette merveille plus grande assurément que celle que vous rejetez!...

10.°

L'apparition de Marie reconnue vraie par les hommes les plus graves et les plus judicieux.

En donnant les preuves de l'apparition de Marie, nous pouvons dire que nous avons démontré l'existence d'un miracle que nous n'avons pas vu, par d'autres miracles qui brillent comme autant d'astres au firmament et liés nécessairement à l'existence du premier, qui n'a été vu que par deux témoins. Quittons pour un instant ce sentier tout bordé de prodiges ; écartons-nous de la foule des pèlerins, pieux enthousiastes qui ne sauraient se taire dans leur admiration et dans leur amour envers Marie. Entrons avec l'homme grave dans le lieu solitaire où il a coutume d'étudier.

Il est dans la société, une élite d'hommes retirés à l'écart; voyant tout sans prévention comme sans attache aveugle pour les personnes et pour les évènements. Justes appréciateurs du mérite et du vice, ils savent le voir là où il est, et au besoin le montrent du doigt sur le front d'un adversaire comme au cœur d'un ami, là où il est. La vérité seule domine ces hommes, *amicus Plato, magis amica veritas*. La plupart des autres hommes, quand ils lisent un livre, en parcourent les feuillets à la hâte, ils craignent de s'arrêter, prennent, comme ils disent fort bien, une idée de l'ouvrage. Mais ce n'est pas avec une idée, ni même avec plusieurs idées, qu'on peut toujours asseoir un jugement. Au contraire, les lecteurs judicieux et sages, amis de la vérité, séparés de la foule des lecteurs, dans une question grave, ne négligent aucune idée, ils savent en avoir besoin autant que le juge au tribunal, avant de prononcer une sentence, a besoin de toutes les pièces relatives à un procès : une seule de ces pièces pouvant suffire pour tout renverser.

Il faut convenir que lorsqu'on veut porter un jugement, l'autorité de ces hommes est d'un poids immense. Il n'y a pas d'autorité humaine plus grande que celle-là. Or, ces esprits supérieurs, pleins de prudence, ornés de sagesse, véritables flambeaux du monde, semés dans tous les rangs et dans tous les pays, ces hommes nos maîtres, que pensent-ils du fait de la Salette ?

Après l'avoir examiné avec une attention proportionnée à la singularité et à la grandeur de l'évènement, ils ont dit unanimement : *Le fait est bien prouvé, il réunit tous les caractères de la vérité, on doit l'admettre.*

11.°

Monseigneur l'Evêque de Grenoble.

Mais quant à l'autorité ecclésiastique, si vous saviez avec quelle précaution, avec quelle sage lenteur, avec quelle sévérité elle procède en matière de miracles, abondamment riche de miracles, elle ne s'arroge pourtant pas le droit de rejeter les nouveaux qu'on lui offre :

mais elle sait que de faux miracles, s'ils étaient admis, nuiraient aux véritables. Aussi ses procès-verbaux d'enquête sont des chefs-d'œuvre et des modèles à suivre, quand on veut découvrir la vérité d'un fait, autant qu'il peut être donné à la faiblesse humaine d'y parvenir. La sage lenteur de Rome est devenue proverbiale dans le monde : Or, la sage lenteur de l'Évêque de Grenoble, dans l'affaire de la Salette, a été toute romaine : je dis mieux : elle l'a dépassée, parce que, moins confiante dans ses lumières, elle s'est crue obligée à plus de précautions et elle les a prises.

1° Quelques semaines après l'évènement, lorsque tous les esprits en étaient préoccupés dans le diocèse, Monseigneur l'Évêque adresse à tous les Curés la circulaire suivante :

Monsieur le Curé,

Vous avez sans doute connaissance des faits extraordinaires que l'on dit avoir eu lieu sur la paroisse de la Salette, près de Corps.

Je vous engage à ouvrir les statuts synodaux que j'ai donnés à mon diocèse, en l'année 1829 : Voici ce qu'on y lit page 94.

« Nous défendons sous peine de suspense
» encourue, *ipso facto*, de déclarer, faire

» imprimer ou publier, aucun miracle nou-
» veau, sous quelque prétexte de notoriété que
» ce puisse être, si ce n'est de l'autorité du
» Saint-Siége ou de la nôtre, après un examen
» qui ne pourra être qu'exact et sévère. »

Or, nous n'avons point prononcé sur les évènements dont il s'agit. La sagesse et le devoir vous prescrivent donc la plus grande réserve et surtout un silence absolu, par rapport à cet objet, dans la tribune sacrée.....

† Philibert, *Évêque de Grenoble.*

2° Monseigneur, au bout de trois mois, ayant recueilli un volumineux dossier de pièces importantes, nomme deux Commissions qui devaient compulser toutes ces pièces, chacune à part, et lui faire un rapport. Les chanoines de sa cathédrale formaient l'une de ces Commissions, et l'autre était composée des professeurs de son grand séminaire. Les deux Commissions furent, quant au fond, parfaitement identiques et favorables. Elles exprimaient aussi le vœu qu'on ne ne précipitât rien et qu'on ne contrariât nullement l'élan des populations vers la montagne merveilleuse.

3° Sept mois après, les miracles et les preuves se multipliant prodigieusement chaque jour,

Monseigneur nomme l'un de ses Vicaires-généraux et le Supérieur du grand séminaire, en qualité de commissaires délégués pour dresser une enquête et recueillir tous les renseignements relatifs au fait dont il s'agit. « Nous les
» engageons, dit Monseigneur, à s'adjoindre
» les prêtres et les laïques dont ils croiront la
» présence utile pour parvenir à la connaissance
» de la vérité. Ils requerront, d'une manière
» toute particulière, l'avis des médecins qui
» auront traité les malades que l'on dit avoir
» obtenu leur guérison, par l'invocation de
» Notre-Dame de la Salette, ou par l'usage de
» l'eau miraculeuse ».

4° Les commissaires partirent le 27 Juillet 1847, parcoururent neuf diocèses, visitèrent les lieux, théâtre de l'évènement, interrogèrent les enfants, les habitants de Corps, et dressèrent un nouveau rapport qui ne laissait plus l'apparence du doute sur la vérité de l'apparition.

5.° Ce rapport qui est fort étendu, admirable à tous égards, fut lu, discuté et approuvé dans huit séances tenues à l'évêché, devant une Commission toujours présidée pas Monseigneur en personne, et composée de ses Vicaires-généraux, de son Chapitre, et des cinq Curés de la ville de Grenoble. La première de ces séances avait commencé le 8 Novembre 1847, et la dernière se tint le 13 Décembre de la même année. M. Mélin, curé de Corps, Madame la supérieure du Couvent, Maximin et Mélanie comparurent et furent interrogés; et quoique le doute ne fût plus possible, Monseigneur ne prononça pas encore le jugement doctrinal, et il se réserva de le publier en temps convenable. Les prêtres étaient encore sous le coup de l'interdit, s'ils avaient eu le malheur de le raconter en chaire ou même d'en parler.

6° Ce jugement doctrinal, avant de le porter, Monseigneur attendit encore longtemps, pour voir et entendre ce qui aurait été dit ou écrit depuis cette époque, pour ou contre l'évènement.

7° Enfin, après cinq années entières, le 19 Septembre 1851, un Mandement parut et le premier article des conclusions était :

» Nous jugeons que l'apparition de la Sainte
» Vierge à deux bergers, le 19 Septembre 1846,
» sur une montagne de la chaîne des Alpes, si-
» tuée dans la paroisse de la Salette, de l'Archi-
» prêtré de Corps, porte en elle-même, tous
» les caractères de la vérité, et que les fidèles
» sont fondés à la croire indubitable et cer-
» taine ».

En vérité, que pouvait-on ajouter à tant de précautions de sagesse, de prudence consommée ? Rien.

12.º

Le Souverain Pontife.

Le rapport qui avait été lu dans les conférences tenues à l'évêché de Grenoble fut présenté au Souverain Pontife. Cet ouvrage forme un volume assez considérable : il fut examiné et reconnu *vrai*. Plus tard, le secret des enfants renfermé dans une lettre écrite par eux et cachetée fut porté à Pie IX qui le reçut avec joie et parut frémir en lisant la lettre de Mélanie, et il s'écria : « Ce sont des fléaux qui menacent la
» France. Elle n'est pas la seule coupable :
» l'Italie l'est aussi, l'Allemagne, la Suisse,
» l'Europe ! Ce n'est pas sans raison que l'Église
» est appelée militante. Vous en voyez ici le
» capitaine ! J'ai moins à craindre de l'impiété
» déclarée, que de l'indifférence religieuse et
» du respect humain... Monsieur, a continué le
» saint Père, en s'adressant à M. Rousselot, j'ai
» fait examiner votre livre (sur l'évènement de
» la Salette) par Mgr. Fratini, promoteur de la
» Foi : il m'a dit que votre livre est bien, qu'il
» en est content, que ce livre respire la vérité ».

13.º

Dieu ou les miracles attestant l'apparition de Notre-Dame de la Salette.

Intonuit de cœlo Dominus et Altissimus dedit vocem suam. Que toute langue se taise; la voix du Très-Haut s'est fait entendre du haut des cieux.

D'après les notions reçues, *le miracle est une dérogation aux lois constantes et bien connues de la nature.* Ainsi tout le monde sait que le soleil poursuit continuellement sa course : il ne peut s'arrêter, pendant quelques heures, que par un miracle. Des hommes, auxquels on couperait la langue jusqu'aux extrémités du palais, ne prononceraient jamais une seule parole sans miracle. Un malade qui revient subitement à la santé attesterait encore l'effet d'un miracle. La roue d'un char passant sur le milieu du corps d'un enfant et y ployant avec effort une simple médaille de cuivre sans faire aucun mal à l'enfant, prouverait évidemment un miracle.

Tout le monde sait également qu'un miracle n'est l'œuvre que de Dieu seul, et qu'il ne le fera jamais pour favoriser ni l'injustice, ni l'erreur. Ainsi, quand Dieu, à la prière de Josué, arrêta le soleil, il prouvait premièrement sa toute puissance : il prouvait secondement la justice de la cause pour laquelle Josué combattait. Hunnéric, roi des Vandales, ayant fait couper la langue jusqu'à la racine à ceux qui professaient que Marie devait être appelée mère de Dieu, ces chrétiens mutilés parlèrent comme auparavant. Un aussi grand miracle était une manifestation éclatante du Maître de l'univers qui voulait que Marie portât le titre de Mère de Dieu. Ce raisonnement, il n'est personne qui ne l'applique à tout fait miraculeux. Or, nous allons démontrer jusqu'à l'évidence que Dieu, de nos jours, opère continuellement des miracles par l'intercession de Marie, invoquée sous le nom de Notre-Dame de la Salette, ou par l'usage de l'eau puisée à la source devenue si renommée partout. La conséquence alors sera inévitable : *donc le fait de la Salette est vrai : donc Marie a véritablement paru sur cette montagne sous une forme humaine.* Ou bien il faudra tomber dans cette absurdité que ce n'est pas Dieu qui fait les miracles ou qu'il les fait pour accréditer le mensonge : impiété ou folie, ou l'un et l'autre comme on voudra.

Dans presque tous les diocèses de France, on compte une ou plusieurs guérisons inexplicables autrement que par un miracle. Ainsi le déclarent les médecins lesquels n'ont pas toujours une propension invincible à reconnaître l'intervention divine par une opération dérogeant aux lois de la nature.

GUÉRISON DE MARIE GAILLARD.

« 1° Le diocèse de Grenoble favorisé entre
» tous les autres et choisi de préférence par la
» Mère de Dieu, devait aussi avoir sa part d'œu-
» vre miraculeuse et être en état de prouver que
» l'évènement de la Salette n'est point une chi-
» mère. Les faits merveilleux et surnaturels ne
» lui ont donc pas manqué. »

Le 25 novembre 1846, deux mois seulement après l'apparition, *Marie Gaillard*, épouse de François Laurent, boulanger à Corps, âgée de 48 ans, paralytique depuis sept à huit ans, est guérie, au vu et au su de tous les habitants du bourg. Le docteur Calvat atteste la maladie et la guérison.

Le procès-verbal dressé par M. Mélin, Curé-Archiprêtre de Corps, et revêtu de sa signature, de celle de la malade, de ses parents et de plus de soixante personnes de la paroisse, atteste et certifie comme étant de notoriété publique, les faits suivants :

1° Pendant sept à huit ans, Marie Gaillard, par suite de douleurs rhumatismales, est restée percluse de ses membres et a gardé le lit à peu près habituellement : elle ne pouvait s'y mettre ni en sortir seule;

2° Depuis vingt-deux ans, elle ne marchait qu'à l'aide de béquilles qu'on était obligé de lui mettre sous les bras : mais elle ne pouvait faire que le tour de sa maison ou aller un peu au soleil, pendant les grosses chaleurs;

3° Elle ne pouvait se lever seule de son fauteuil, ni s'y asseoir seule;

4° Privée de l'usage de ses mains, elle était hors d'état de rendre aucun service dans le ménage;

5° Dès qu'elle connut l'apparition de la Salette, elle se sentit une grande confiance, et le 19 novembre, s'étant recommandée aux prières de la Confrérie des pénitents qui se rendaient en corps à la montagne, au moment où ceux-ci chantaient pour la première fois l'office, elle se lève seule de son fauteuil, et sans béquilles, elle se transporte dans la partie de la maison où travaillait son mari, et lui dit : *Il me semble que je pourrais aller à l'église, appuyée seulement sur le bras de quelqu'un.* Effectivement, depuis ce moment, elle quitte entièrement ses béquilles, va seule à l'église, le 24 novembre, pour se confesser, et, le 25, fête de sainte Catherine, retourne à l'église pour communier, au grand étonnement de tout le monde ;

6° Dès-lors elle se lève, s'assied, marche, va à l'église, balaye sa maison, lave la vaisselle, coud, et travaille toute la journée dans son ménage, non-seulement sans secours étranger, mais sans douleur aucune ;

7° Elle a été guérie de ses souffrances et de sa faiblesse dans la saison où elle en éprouvait le redoublement ;

8° Les grosseurs qu'elle conserve aux articulations ne la font plus souffrir et ne semblent lui être restées que pour attester de quel horrible état elle a été délivrée. Aussi se trouve-t-elle heureuse, et dit-elle à tout le monde : *Je suis contente, j'ai obtenu tout ce que j'ai demandé, je n'en avais pas demandé davantage.* Le procès-verbal ajoute que les faits ci-dessus énoncés pourraient être attestés par deux ou trois mille personnes de Corps ou des environs qui connaissent la femme Laurent.

GUÉRISON DE SŒUR CLARISSE PIERRON,
dite SAINT-CHARLES.

Sœur Clarisse Pierron, dite Saint-Charles, religieuse hospitalière dans un couvent d'Avignon, était retenue dans son lit depuis plus de huit ans par une fièvre continue, la dyssenterie et des crachements de sang très-fréquents. Elle avait reçu l'Extrême-Onction lorsque la supérieure commença, pour sa guérison, une neuvaine à Notre-Dame de la Salette. « Quelque
» désir, dit la pieuse supérieure, que j'eusse
» de sa guérison, j'avais encore plus en vue la
» gloire de la Sainte-Vierge, la confirmation
» de son apparition aux deux petits bergers, et
» la conversion des pécheurs. C'est pour ces
» motifs, que parmi les sœurs malades, qui
» étaient alors en assez grand nombre, je choisis
» ma sœur Saint-Charles comme celle qui étant
» plus connue à raison de la longueur de sa
» maladie, pouvait mieux servir au but que je
» me proposais ».

Un médecin ayant appris que la communauté faisait une neuvaine, dit : Si vos vœux sont exaucés, *je donnerai mille certificats pour attester le miracle, car elle est perdue.* Un autre médecin l'avait abandonnée. La malade croyait très-fermement qu'elle serait guérie. Tout le temps que dura la neuvaine, la malade était plus mal : et le matin du jour où elle fut guérie, elle eut encore un crachement de sang.

Tout-à-coup, le 16 avril 1848, il se fit une révolution en elle : tous ses maux cessèrent, elle reprit les exercices de la communauté, la nourriture, l'office, le jeûne, sans passer même par la convalescence. Tout Avignon accourut pour visiter la miraculée; elle éprouva les plus grandes fatigues dans ces innombrables visites, et continua de se porter admirablement. MM. Gérard et Roche, docteurs-médecins, attestent qu'il y a là deux miracles : la guérison et le passage subit à la santé sans convalescence.

GUÉRISON DE MARIE-ANTOINETTE BOLLENAT.

Marie-Antoinette Bollenat inspire l'intérêt le plus touchant parce qu'on la reconnaît bien malheureuse. Elle avait la douleur de voir son père, sa mère et sa sœur épuiser lentement leurs forces, leur santé, leurs petites ressources pécuniaires pour la soigner et le jour et la nuit. « Le jour, disait-elle, je suis obligée de renfer-
» mer ce que j'éprouve ; mais la nuit, quand je
» les entends dormir, oh! alors je me livre à

» ma douleur, et mes larmes ne cessent de
» couler qu'au retour de la lumière. »

Elle fit une neuvaine à Notre-Dame de la Salette : s'étant procurée un peu d'eau, elle en but dès le premier jour. La neuvaine avait commencé le 13 novembre : le docteur Ganiard va nous dire quel en fut le résultat le 21.

1° Depuis dix-sept ans, Antoinette Bollenat, vomissait tout ce qu'elle mangeait, digérait à peine quelques cuillerées de lait ou de bouillon. Les trois derniers mois, jusqu'au 21 Novembre, elle ne digérait plus rien.

1° Le 21 Novembre, à six heures du soir, sans transition aucune, sans qu'aucune crise se soit manifestée, elle mange et digère très-bien un fort potage, des légumes et des fraises.

2° Depuis trois ans, Antoinette Bollenat n'a pas marché; elle est restée sur son dos, pouvant à peine faire exécuter quelques légers mouvements à ses membres extérieurs.

2° Le 21 Novembre, Antoinette Bollenat se lève, met ses vêtements, ses bas, se promène dans sa chambre.

3° Depuis dix ans, Antoinette Bollenat ne pouvait se coucher sur son côté gauche; elle était presque entièrement privée de sommeil.

3° Le 21 Novembre, Antoinette Bollenat se couche sur son côté gauche et dort toute la nuit.

4° Depuis dix-neuf ans, les douleurs d'estomac insupportables sur la fin, n'avaient jamais cessé.

4° Le 21 Novembre, il ne reste plus aucune douleur à la région épigastrique, ni à aucune autre partie de l'hypocondre gauche.

5° Depuis sept ans, une tumeur énorme existait à la partie supérieure, moyenne et latérale du ventre, et depuis longtemps je n'employais plus aucune espèce ce médicament, soit pour guérir cette tumeur, soit pour en arrêter le développement.

6° Le 19 Novembre 1847, Antoinette Bollenat présentait tous les symptômes d'une mort prochaine.

5° Le 21 Novembre, la tumeur a complètement disparu, aucun écoulement quelconque, purulent ou autre, n'avait eu lieu par aucune voie.

6° Le 21 Novembre et les jours suivants, nous l'avons vue en bonne santé.

En foi de quoi j'ai délivré le présent certificat que je déclare sincère et véritable.

Avallon, 4 Décembre 1847.

GANIARD, *d.-m.-p.*

GUÉRISON DE VICTORINE SAUVET.

Victorine Sauvet, en service à Marseille, tomba dans un état de cécité complète et sans remède. Avant de quitter Marseille, Victorine monte à Notre-Dame de la Garde, y fait commencer une neuvaine qui doit finir le jour même où elle ira à la Salette. C'était un samedi, 25 Septembre 1847, qu'arrivée sur la montagne sainte, toujours accompagnée et guidée par ses parents, elle entend d'abord la Messe, se fait conduire à la croix de l'apparition, prie avec ferveur, se frotte les yeux avec de l'eau de la fontaine, y ressent une vive douleur, qu'elle calme bientôt en avalant de cette même eau, et sur-le-champ elle est guérie, elle a recouvré la vue! Attirés par les cris que la joie lui fait pousser, les pèlerins accourent et l'environnent. Procès-verbal de la guérison est aussitôt dressé sur les lieux même par M. Perrin, curé de la Salette (neveu du précédent), de concert avec M. L. Clapier, de Marseille, frère du député de ce nom. M. Clapier fait précéder sa signature de ces mots : *Je déclare avoir vu Victorine Sauvet monter donnant le bras à son père, dans l'attitude d'une personne privée de la vue.*

GUÉRISON DE M. L'ABBÉ MARTIN.

M. l'abbé Martin, du séminaire de Verdun, avait, depuis deux ou trois ans, les nerfs contractés; il traînait péniblement une jambe. Le médecin disait que ce jeune homme avait un corps usé, que jamais il ne se rétablirait. Son directeur lui procura un peu d'eau de la Salette. Il tomba à genoux dans sa chambre en serrant vivement contre son cœur le petit flacon où était l'eau merveilleuse, il se releva guéri pleinement; il est aujourd'hui prêtre et missionnaire.

GUÉRISON DE Mlle LAUZUR.

Lettre de M. Sibillat, missionnaire de Notre-Dame de la Salette, à Mgr l'Évêque de Grenoble.

« Monseigneur,

» Le 1er juillet 1852, la Sainte-Vierge a manifesté sa puissance sur la sainte montagne de la Salette par un prodige opéré en faveur de Mlle Lauzur, de Saint-Céré, département du Lot, actuellement pensionnaire au couvent de la Visitation de Valence.

» Cette jeune personne, âgée de 18 ans, était atteinte, depuis trois mois, d'une cécité complète, qui lui occasionnait des douleurs aiguës. Après avoir employé toutes les ressources de l'art et épuisé tous les soins du médecin de la maison, Mlle Lauzur a fait une neuvaine à Notre-Dame de la Salette; puis, conduite par deux sœurs du couvent, elle s'est dirigée pleine de confiance vers la sainte montagne. Arrivée dans la modeste chapelle, elle était épuisée de fatigue et en proie à un horrible mal d'yeux. Cependant en entrant dans le sanctuaire, elle a éprouvé un sentiment de joie, de délices indéfinissables. Elle me prie de lui donner la sainte communion avant la Messe. A peine a-t-elle reçu la sainte hostie qu'elle tombe dans une espèce d'extase ; quelques minutes après, elle revient à elle-même en s'écriant : J'y vois! j'y vois! ô ma Mère, je vous vois! A l'instant même, les soixante personnes réunies dans la chapelle et témoins de cette faveur extraordinaire, ont éclaté en sanglots. Toutes m'ont offert leur signature pour attester ce prodige.

» *Signé :* SIBILLAT,
Missionnaire de Notre-Dame de la Salette ».

GUÉRISON DE Mlle SYLVIE JULIEN.

Mlle Sylvie Julien, du diocèse de Digne, avait passé depuis l'âge de 8 ans par toutes les périodes d'une maladie nerveuse qui l'avait réduite à l'extrémité. Le prêtre qui lui donna l'Extrême-Onction, voulut interrompre les cérémonies croyant qu'elle avait cessé de vivre. C'est alors qu'elle voulut faire une neuvaine à Notre-Dame de la Salette. Elle fut donc transportée à la montagne, sur un cheval, mourante et hors d'état d'articuler un mot. Elle descendit à pied et guérie. A son retour, la population des divers pays qu'elle a traversés s'est portée en foule pour la voir, pour lui parler, la féliciter. Les prêtres même de ce pays n'ont pu s'empêcher de crier au miracle.

Nous écririons un grand nombre de volumes, si nous voulions citer avec quelques détails seulement, les miracles parvenus à notre connaissance et revêtus de toutes les preuves qu'on peut désirer. Force est à nous de nous arrêter. M. le Curé de Corps nous dit, il n'y a que quelques semaines : *Les miracles croissent en nombre si prodigieux que j'en suis effrayé.*

CONTINUATION DES MIRACLES.

Sur la montagne, les missionnaires parlent des miracles comme d'évènements que la fontaine de la Salette a rendus évènements de tous les jours. Toute la contrée nous paraît comme enveloppée d'un suave parfum des miracles opérés par Marie, de la persuasion que les plus grands jours de Miséricorde sont arrivés par l'invocation de Notre-Dame de la Salette, et que l'horizon amoncelle aussi les plus noires tempêtes, si les hommes ne se convertissent pas. Une jeune femme avec son mari et l'enfant qu'elle allaitait, nous voyant passer, nous dit :

Vous allez à la montagne : vous venez de bien loin ? — Oui, j'aurai bientôt fait 300 lieues. — Oh ! vous ne regretterez pas la longueur de la route, allez ; allez, vous verrez. — Vous y avez été, vous ? — Oh ! nous autres, nous y allons souvent : ou est si bien, là.

Et cette femme dit ces paroles avec un accent si naturel, si vrai, si heureux, et le mari paraissait si bien d'accord avec les sentiments exprimés par sa femme, qu'il eût été impossible de ne pas en être touché. Quelques pas plus loin, un jeune homme paraissant revenir bien fatigué de son travail, nous dit : *Vous avez encore beaucoup de chemin à faire*, en effet, il me restait 25 kilomètres. *Nous autres, nous abrégeons beaucoup, nous passons là tout droit ; nous partons le dimanche matin et nous revenons le soir.* — *Mais, mon ami, dites-moi, vous avez communié ? — Oh ! il faut bien. Nous nous sommes tous convertis, allez. Il faut bien, autrement...*

Au moment d'entrer à Corps, je demandai à un homme qui me parut avoir 30 ans et fort intéressé au gain, s'il croyait à l'évènement. — *Et comment voulez-vous qu'on ne croie pas, quand on voit ce que nous voyons tous les jours ?*

A mon retour, tandis que je descendais de la

Salette, je rencontrai une femme qui gravissait aisément la montagne. Lorsque nous fûmes éloignés d'elle, par une assez grande distance, Turc, mon conducteur, homme robuste et très-doux, habitant de Corps, me dit : *Voyez-vous cette fille : elle a été guérie miraculeusement.*

Mille réflexions se croisèrent à ce moment dans mon esprit : *Où suis-je venu ? Et qu'est-ce que ce pays ? missionnaires, laboureurs, aubergistes, muletiers, femmes et enfants, tous ont-ils donc résolu de concert de raconter des prodiges vrais ou faux ? On parle ici de miracles, comme ailleurs on parle de pierres et d'arbres que l'on rencontre sur les chemins !* J'eus la pensée que peut-être mon compagnon, craignant que je n'eusse interrogé cette femme s'il m'avait dit sa guérison au moment de notre rencontre, avait attendu qu'elle fût éloignée. C'est pourquoi élevant fortement la voix, je lui demandai où elle allait. — Elle, d'une voix fort distincte et très-douce : *A la montagne, mon bon pasteur, voir la bonne Mère qui me fait marcher : et puis mes béquilles aussi que je veux voir.* — Vous avez donc marché avec des béquilles et vous avez été guérie ? — *Hé oui, mon bon pasteur.*

Dans notre pèlerinage, trois guérisons récentes nous avaient frappé vivement et par-dessus toutes les autres. Un homme respectable nous avait raconté une double guérison opérée sur une même personne avec apparition de Marie, mais si extraordinaire que nous n'osons reproduire ici le récit : plus tard, elle sera probablement livrée à la publicité.

Un muletier, au sortir de Vézilles, à 14 kilomètres de Grenoble, nous fit également son histoire : je n'y crus pas. Mais pendant le repas, quel fut mon étonnement de l'entendre répéter mot pour mot par M. le Supérieur des missionnaires.

Près d'Arras, une jeune personne infirme depuis longtemps était à l'agonie : son curé la quitta, disant : — Pauvre enfant! il y a longtemps qu'elle souffre cruellement, voici donc la fin, elle va être guérie de tous ses maux. Il parlait de sa mort : en se retirant il promit de dire la messe des morts, le lendemain. En effet, quelques instants après on crut qu'elle avait expiré. La mère se souvint que sa fille lui avait recommandé de mettre sur elle, après sa mort, l'image de Notre-Dame de la Salette. Elle va la chercher, la pose sur le corps de celle qui était ou que l'on croyait morte. Cette jeune fille se lève sur-le-champ sur son séant : *Sainte Vierge, ma bonne mère, s'écrie-t-elle, c'est à vous que je dois la vie, je me fais religieuse de la Salette.* La stupeur saisit tous les assistants, ils croient à un revenant. La personne est guérie radicalement, refuse de manger pour pouvoir communier le lendemain. En attendant, elle dort toute la nuit.

Le lendemain on courut à l'église avertir M. le Curé, il prenait les vêtements noirs pour dire la messe; il ne peut croire à ce qu'il entend, va chez celle qu'il croyait morte sûrement; il la regarde, et d'une voix basse, il ne peut que dire : *Mon enfant!...* Ses bras tombent avec le livre qu'il tenait à la main. Il revient à l'église, dit la messe pour la même personne, après avoir serré les habits noirs et pris ceux du jour. La miraculée trompe tout le monde, vient à la messe, l'entend, veut communier, son Curé refuse craignant encore que ce ne fût un fantôme. La jeune personne revient chez elle, déjeûne et s'en va faire trois lieues, pour aller voir son médecin.

Ce fait m'a été raconté par le muletier de Vézilles, par M. le Supérieur des missionnaires à la montagne même de la Salette, le 14 octobre, veille de sainte Thérèse, en présence de sept ou huit prêtres et d'autant de laïques. M. le Supérieur ajouta : *Le prédicateur produisit une sensation bien profonde, il y a un mois, le jour de l'anniversaire, quand, après avoir annoncé ce miracle, il dit : et la personne guérie est dans cette assemblée.* Ce Supérieur, à son tour, en produisit une bien vive sur nous, quand il termina lui-même par ces mots : *Cette personne est ici.* J'allai la voir, elle me redit tout de la même manière, devant sept ou huit témoins. Mon muletier ne m'avait pas trompé, il n'avait même rien exagéré.

Ce miracle s'était opéré dans la nuit du 30 juin au 1er juillet de la présente année 1853. La jeune personne nous dit s'appeler *Flore-Marie Delaby*, diocèse d'Arras, à Clémieux, canton de Parc.

A Grenoble on nous parla beaucoup et partout de M. B....., dont la guérison était bien connue dans toute la ville et n'était niée par personne. « M. B....., souffrait depuis dix ans
» les douleurs les plus atroces; enfin elles s'ac-
» crurent à un tel degré, que sa patience était à
» bout : il avait perdu l'usage des jambes,
» trente plaies au moins s'ouvrirent sur tout
» son corps. Les plaies s'envenimaient chaque
» jour davantage, le pansement en était devenu

» si difficile et si douloureux que le malade
» était obligé d'interrompre plusieurs fois cette
» opération pour prendre un peu de repos, et
» prévenir une défaillance : un pli du linge qui
» enveloppait les plaies de la jambe lui causait
» une douleur intolérable. La tête était devenue
» si sensible, que la seule action de mettre un
» bonnet le fesait presque évanouir ; le nez qui
» depuis plusieurs mois était obstrué au point
» de ne point laisser le moindre passage à la
» respiration, avait pris, ces derniers temps,
» des proportions démesurées : tout fesait crain-
» dre pour les jours du malade. » M. B......
appliqua sur ses plaies des linges imbibés de
l'eau de la Salette, fit une neuvaine et éprouva
un grand soulagement, dès les premiers jours :
et le dernier jour de la neuvaine, tout avait
disparu, douleurs atroces, proportion déme-
surée du nez, plaies des jambes et de la tête :
c'était une santé parfaite.

XIII.

Résumé des preuves de l'apparition.

Après ce miracle, et tout ce qui précède, résumons :

Deux petits habitants des montagnes, un garçon des plus étourdis ayant onze ans, et une fille sournoise en ayant quatorze, Maximin et Mélanie ont vu la Sainte-Vierge eux seuls, elle pleurait, elle annonçait des malheurs, si l'on ne se convertissait. Quelle foi devons-nous ajouter à ces deux êtres si bas classés dans l'espèce humaine ? Evidemment aucune, si leur témoignage est seul. Mais voyons :

L'histoire qu'ils nous font est composée de façon qu'elle dépasse de bien loin la portée de simples montagnards : un érudit n'aurait pas si bien fait. Le style en est varié, simple et beau ; il a ressemblance avec le style du plus beau livre qu'il y ait au monde. Ces enfants n'ont pas inventé, nous l'avons prouvé ; ni un habile imposteur, ni une bohémienne, ni Satan, ni un prêtre, ni un laïque n'ont pu inspirer à ces pâtres une telle composition : c'est encore très-évident. La sagacité, la finesse de leur esprit dans l'affaire de l'apparition seulement et leur intelligence sont dignes des plus beaux esprits. Dans les autres points, ils ont un esprit lent, paresseux et très-commun. Quand il s'agit de soutenir qu'ils raconteront et publieront partout tout ce que Marie leur a commandé de faire passer à son peuple, ils déclarent que ni les menaces, ni l'échafaud, ni la mort ne les effrayeront. Ainsi parlaient les Apôtres au

Sanhédrin. Leur patience dans le récit, si souvent demandé, paraît infatigable : leur modestie, pour ne se vanter de rien en ce qui regarde l'apparition de la Salette, cette modestie est parfaite. Leur mémoire est la plus ingrate que vous connaissiez, et en une fois ils ont retenu, sans jamais se tromper ni balbutier, le discours assez long de Marie, dans la langue française dont ils ne savent que quelques mots. Marie leur a confié un secret : pas de moyen de séduction, pas de finesse, pas de personnages, pas de promesses qu'on n'ait employés. Tout a été pleinement déjoué. Ils ont converti tout le canton de Corps qui est composé de cinq ou six mille âmes; il n'en est peut-être pas cent qui aient rejeté la persuasion qui a coulé de ces lèvres montagnardes et sauvages. Les nations leur ont envoyé des milliers de députés qu'ils ont admirablement reçus et renvoyés satisfaits comme la reine de Saba fut satisfaite de Salomon. Les peuples qui n'ont pas vu ces enfants, ont une merveilleuse vénération pour eux, et une étonnante prédisposition à croire ce qu'ils disent. Les hommes les plus graves et les plus sages ayant tout examiné, ont jugé que ces enfants étaient inspirés. Le chef du diocèse sanctionne la décision des hommes sages, par les précautions d'une sagesse plus grande encore; le Vicaire de Jésus-Christ sanctionne le jugement de l'Évêque diocésain. La sagesse de Rome est la vraie sagesse du monde.

Et Dieu enfin, depuis sept ans, par la voix des miracles, fait raconter à l'univers la véracité des enfants et la gloire de Marie, comme depuis six mille ans, il fait raconter la gloire et l'ouvrage de ses mains, par les cieux et les étoiles qui décorent le firmament.

Donc elle est bien prouvée cette apparition. Donc il faut y croire; donc Marie a paru aux bergers, elle a prêché, elle a pleuré, elle a menacé : mais elle a promis la miséricorde si l'on se convertissait.

XIV.

Conclusion.

Vous ne pouvez admettre le fait de l'apparition et vous arrêter là : il faut nécessairement arriver aux conséquences. Et penseriez-vous par hasard que Marie ait entouré l'existence de ce grand miracle, par un faisceau de lumières si vives dans le but unique de vous donner le plaisir des descriptions enchanteresses? Je sais que l'apparition de Marie à la Salette est un poème immense, magnifique, délicieux. Vous y trouverez les peintures les plus vraies et les plus agréables. Cette couronne de montagnes que la neige couvre d'un manteau blanc, ce temple rustique de la Salette, ce clocher si modeste, ces habitations à la toiture de paille, ces cascades tombant et roulant avec fracas l'une sur l'autre, ces gouffres où l'œil pénètre avec sécurité et avec horreur, tout forme un tableau mobile et sans cesse varié où les regards aiment à se repaser. Arrivent les innombrables députés des nations : le sentier tortueux, long, ardu, pierreux par où ils passent, a ses charmes aussi. Là, montent péniblement, très-lentement, pour descendre avec vitesse et jubilation, le pauvre pèlerin, venu des bords lointains, le riche, le mendiant, le prêtre, le simple lévite, les pâtres et les pontifes. Et là haut, Marie avec des bergers, comme Jésus au Thabor avec Moyse et Élie, leur donnant le secret des destinées du monde à l'époque prête à venir, le secret de la colère céleste qu'ils doivent prêcher partout. Et cette fontaine, autrefois intermittente, aujourd'hui devenue intarissable, envoyant ses ondes salutaires, au couchant et au midi, comme au septentrion et à l'orient pour y répandre, avec la puissance de Marie, la guérison des malades, et, avant tout, la gloire du Très-Haut. Le pic de la montagne voisine qui a ouvert ses flancs de marbre pour un temple à Marie. Que les peintres, que les poètes accourent de toutes parts : jamais, de nos jours, ni plus beau, ni plus vaste champ ne fut offert au génie.

Mais que ferions-nous, profanes et insensés, si nous allions nous imaginer que Marie ait voulu se borner à divertir ainsi nos imaginations ? Faudra-t-il donc vous faire apercevoir que les fondements ne sont destinés qu'à asseoir un édifice, que cet édifice est tout, que les fondements en eux-mêmes ne sont rien ? Faudra-t-il vous démontrer que la feuille légère du papier sur lequel une main a tracé les caractères d'un discours n'est rien, que le discours est seul quelque chose, il est tout ? Faudra-t-il vous dire qu'un ambassadeur a bientôt prouvé son arrivée dans un lieu. Ce qui lui importe, et ce qui importe à ceux vers lesquels il est envoyé, c'est de savoir le but de son ambassade ?

La Mère du Dieu incarné, l'épouse du Dieu éternel, le sanctuaire du Dieu égal au Père et au Fils, la réconciliatrice des hommes avec la Trinité adorable, Marie vient à nous comme un ambassadeur. Jamais un tel message n'avait été envoyé aux hommes. Jugez de l'importance du sujet, Grand Dieu ! que se passe-t-il donc là-haut, et que voulez-vous annoncer à la terre ?

Ami lecteur, vous avez lu le discours de Marie au commencement de ce livre, comme une curiosité, comme un document pour arriver aux preuves de la vérité de l'apparition : aujourd'hui ces preuves, cette vérité vous sont acquises : lisez-donc ce discours comme vous l'entendriez de Marie vous le prononçant elle-même. Ici, plus que jamais, je prie Notre-Dame de la Salette d'être avec vous.

DISCOURS DE MARIE

à deux bergers sur une montagne de la Salette, avec ordre de le faire passer à tout son peuple.
(Voir page 15).

Voilà donc les grands crimes de la terre : Le *travail du Dimanche, la Messe négligée, les blasphèmes et l'abstinence violée.*

Voilà donc le sujet de l'ambassade de Marie avec les châtiments que nous ont mérité ces crimes.

Voilà donc expliqué ce fléau pestilentiel qui a pourri et séché nos raisins ; ce souffle mortel qui a passé sur nos pommes de terre, sans compter ce qui nous attend.

XV.

Dernières conséquences.

1° Marie est venue ; elle a parlé. Mettons ce fait pleinement à part comme étant parfaitement prouvé ;

2° La colère céleste est montée à un degré qui fait époque dans les siècles ;

3° Cette colère a été allumée par le travail du Dimanche, la messe manquée, les blasphèmes, l'abstinence violée ;

4° Pour punir ces crimes, tous les justes de la terre, tous les saints du ciel sont impuissants à retenir le bras levé pour nous frapper. Une femme le soutient, et si elle cesse un instant de le maintenir, c'en est fait de nous ;

5° Le texte même du discours de Marie nous montre déjà que de cruels châtiments ont commencé. Lisez ceux qui n'ont pas encore paru, vous frémirez : ce sont les plus sensibles et les plus terribles ;

6° L'abondance des bénédictions nous sera donnée si nous nous convertissons ;

7° Bannissons donc à jamais le travail du Dimanche, l'omission de la messe, les blasphèmes, la violation de l'abstinence ; Marie n'est venue que dans ce but; c'est là que vient aboutir tout le cortége des circonstances merveilleuses qui rayonnent autour de la montagne de la Salette comme autant d'innombrables étoiles formant la couronne du firmament.

Et nous, oserions-nous dire? En écrivant nous n'avons pas eu d'autre but que de combattre cette cause affreuse de nos malheurs : le travail du Dimanche, la messe manquée, la violation de l'abstinence et les blasphèmes.

Tout ce qui précède fut rédigé, il y a deux ans, au retour de notre pèlerinage à la montagne de la Salette. Nous avions vu le jeune Maximin chez un vénérable Curé, à quelques kilomètres de Grenoble : nous fûmes frappés en retrouvant si bien les traits que les relations nous avaient donnés de son caractère. Il vous raconte son histoire; mais avant et en une seconde, vous voyez passer comme un je ne sais quoi de mystérieux qui l'enveloppe et l'encadre tout entier. A peine a-t-il fini, qu'il cherche à fuir :

vous tirerez peu de vos interrogations, il vous laisse assez comprendre que vous le fatiguez. Si vous détournez la tête pour dire un mot à votre voisin, vous ne savez plus où est Maximin, et il n'est pas toujours facile de le retrouver. En quelques heures, il nous a échappé plus de vingt fois. Cependant, il paraissait très-sincèrement amical. M. le Curé nous dit que les personnes pieuses le gâtaient. Depuis, nous n'avons presque rien appris sur le compte de Maximin que nous puissions donner comme très-certain : aussi, nous nous abstenons. — On assure que *Mélanie, sœur Marie de la Croix*, est en Angleterre; qu'étant devenue aveugle, elle a été guérie miraculeusement, et qu'elle porte les stigmates. Nous ne nous voulons rien affirmer, malgré l'autorité si respectable des personnages auprès desquels nous avons recueilli ces particularités sur la jeune bergère. Ce que nous pouvons donner comme indubitable, c'est que les religieuses de la Providence de Grenoble ne tarissaient pas devant nous en éloges sur la piété, la modestie et toutes les grandes vertus de *sœur Marie de la Croix*. Pendant que nous attendions qu'elle arrivât au parloir et que nous conversions avec les religieuses du Couvent, une autre religieuse entra, et nous dîmes en secret : Voilà une reli-

(92)

gieuse qui a l'air d'un ange, je voudrais que Mélanie eût le même extérieur : c'était elle.

Nous engageons beaucoup nos lecteurs à considérer dans cette apparition une foule de circonstances, à comparer les époques, les prédictions et les évènements, etc., etc.

TABLE.

	Pages.
DÉDICACE.	V
I — Les premiers qui visitèrent la Salette, après l'évènement de l'apparition, ne purent s'empêcher d'y croire	1
II — Les premiers, qui ont écrit sur le miracle de la Salette, s'attachent principalement à le faire croire	3
III — Pourquoi ceux qui savent le miracle de la Salette sont si empressés à le redire aux autres	5
IV — But que nous proposons dans cet opuscule	9
V — Lieu de l'apparition : arrivée des deux témoins.	12
VI — Récit de l'apparition.	14
Discours de Marie aux deux jeunes bergers.	15
Traduction du patois.	18
VII — Ce récit n'a point varié.	23
VIII — Cour d'Appel de Grenoble.	25
IX — Portraits des jeunes bergers.	26
X — Portrait de Maximin.	27
XI — Portrait de Mélanie.	32
XII — Le fait de la Salette est vrai.	34
— 1° Il n'est pas possible que ces enfants aient voulu inventer une fable	35
— 2° Un imposteur ne les a pas trompés.	36
— 3° Sagacité de l'esprit des bergers, mais seulement dans l'affaire de la Salette.	38
— 4° Fermeté des enfants comparée à celle des Apôtres.	43

— 5° Leur modestie et leur patience. 44
— 6° Secret donné par Marie, inviolablement gardé. 46
— 7° Pourquoi les enfants ont dit avoir un secret 48
— 8° Conversion des habitants de Corps et de tout le canton 49
— 9° Croyance de milliers de personnes accourues de toutes parts à la Salette. Impression du peuple 52
— 10° L'apparition de Marie reconnue vraie par les hommes les plus graves et les plus judicieux 56
— 11° Monseigneur l'Évêque de Grenoble. . 58
— 12° Le Souverain Pontife. 63
— 13° Dieu ou les miracles attestant l'apparition de Notre-Dame de la Salette . . 64
Guérison de Marie Gaillard. 66
Guérison de sœur Clarisse Pierron, dite Saint-Charles. 69
Guérison de Marie-Antoinette Bollenat. . . 70
Guérison de Victoire Sauvet. 72
Guérison de M l'abbé Martin. 73
Guérison de Mlle Lauzur. 74
Guérison de Mlle Sylvie Julien. 75
— Continuation des miracles. 76
XIII — Résumé des preuves de l'apparition. . . 82
XIV — Conclusion. 85
XV — Dernières conséquences. 89

Bordeaux. — Imprimerie de Th. Lafargue, libraire.

ON TROUVE

CHEZ LE MÊME IMPRIMEUR-LIBRAIRE

Mois de Marie, divers auteurs, avec ou sans musique.

Cantiques de Mission.

Cantiques du P. Hermann, avec ou sans musique.

Instruction du Chrétien, 1 vol. in-12, par le P. Nampon.

Catéchisme du Diocèse, nouv. édition.

Paroissiens, Bréviaires et Missels romains, nouvelle édition, divers formats et reliures, approuvés par le Cardinal Donnet, archevêque de Bordeaux.

Paroissien universel, 2 vol. gr. in-12, également approuvé.

Trésor des Pèlerins de Verdelais, 1 vol. in-12.

Lettres sur Verdelais ou Impressions d'un Pèlerin, 1 vol. in-18.

Miracles de Verdelais, 1 vol. in-18.

OUVRAGES DU P. ALEXIS-LOUIS DE SAINT-JOSEPH

L'Abeille du Carmel ou Vie de Notre Seigneur et celle de la Sainte-Vierge, 2 vol. in-18.

Histoire sommaire de N.-D. du Carmel, 1 vol. in-18.

Manuel des Enfants du Carmel, 1 vol. in-18.

Manuel pratique de dévotion envers la sainte Eucharistie, 1 vol. in-18.

— Et un assortiment complet d'ouvrages de Religion, d'éducation, pour prix, etc.

Son Imprimerie assortie en caractère de tout genre, le met à même d'entreprendre toutes sortes d'ouvrages.

www.ingramcontent.com/pod-product-compliance
Lightning Source LLC
Chambersburg PA
CBHW070242100426
42743CB00011B/2095